Tucholsky  Wagner  Zola  Scott  Sydow  Freud  Schlegel
Turgenev  Fonatne  Wallace
Twain  Walther von der Vogelweide  Fouqué  Friedrich II. von Preußen
Weber  Freiligrath  Frey
Fechner  Fichte  Weiße Rose  von Fallersleben  Kant  Ernst  Frommel
Hölderlin  Richthofen
Engels  Fielding  Eichendorff  Tacitus  Dumas
Fehrs  Faber  Flaubert  Eliasberg  Ebner Eschenbach
Feuerbach  Maximilian I. von Habsburg  Fock  Eliot  Zweig  Vergil
Ewald  Elisabeth von Österreich
Goethe  London
Mendelssohn  Balzac  Shakespeare  Dostojewski  Ganghofer
Trackl  Lichtenberg  Rathenau  Doyle  Gjellerup
Stevenson  Hambruch
Mommsen  Tolstoi  Lenz  Droste-Hülshoff
Thoma  von Arnim  Hanrieder
Dach  Verne  Hägele  Hauff  Humboldt
Karrillon  Reuter  Rousseau  Hagen  Hauptmann  Gautier
Garschin  Defoe  Baudelaire
Damaschke  Descartes  Hebbel
Hegel  Kussmaul  Herder
Wolfram von Eschenbach  Dickens  Schopenhauer  Rilke  George
Bronner  Darwin  Melville  Grimm  Jerome  Bebel  Proust
Campe  Horváth  Aristoteles
Bismarck  Vigny  Barlach  Voltaire  Federer  Herodot
Gengenbach  Heine
Storm  Casanova  Tersteegen  Gilm  Grillparzer  Georgy
Chamberlain  Lessing  Langbein  Gryphius
Brentano  Lafontaine
Strachwitz  Claudius  Schiller  Kralik  Iffland  Sokrates
Katharina II. von Rußland  Bellamy  Schilling
Gerstäcker  Raabe  Gibbon  Tschechow
Löns  Hesse  Hoffmann  Gogol  Wilde  Gleim  Vulpius
Luther  Heym  Hofmannsthal  Klee  Hölty  Morgenstern  Goedicke
Roth  Heyse  Klopstock  Puschkin  Homer  Kleist
Luxemburg  Horaz  Mörike  Musil
Machiavelli  La Roche
Navarra  Aurel  Musset  Kierkegaard  Kraft  Kraus
Nestroy  Marie de France  Lamprecht  Kind  Kirchhoff  Hugo  Moltke
Laotse  Ipsen  Liebknecht
Nietzsche  Nansen
Marx  Ringelnatz
von Ossietzky  Lassalle  Gorki  Klett  Leibniz
May  vom Stein  Lawrence  Irving
Petalozzi  Knigge
Platon  Pückler  Michelangelo  Kafka
Sachs  Poe  Liebermann  Kock  Korolenko
de Sade  Praetorius  Mistral  Zetkin

Der Verlag tredition aus Hamburg veröffentlicht in der Reihe **TREDITION CLASSICS** Werke aus mehr als zwei Jahrtausenden. Diese waren zu einem Großteil vergriffen oder nur noch antiquarisch erhältlich.

Symbolfigur für **TREDITION CLASSICS** ist Johannes Gutenberg (1400 — 1468), der Erfinder des Buchdrucks mit Metalllettern und der Druckerpresse.

Mit der Buchreihe **TREDITION CLASSICS** verfolgt tredition das Ziel, tausende Klassiker der Weltliteratur verschiedener Sprachen wieder als gedruckte Bücher aufzulegen – und das weltweit!

Die Buchreihe dient zur Bewahrung der Literatur und Förderung der Kultur. Sie trägt so dazu bei, dass viele tausend Werke nicht in Vergessenheit geraten.

# Studien zur Literatur

Franz Grillparzer

# Impressum

Autor: Franz Grillparzer
Umschlagkonzept: toepferschumann, Berlin

Verlag: tradition GmbH, Hamburg
ISBN: 978-3-8424-9003-1
Printed in Germany

Ziel der TREDITION CLASSICS ist es, tausende deutsch- und
fremdsprachige Klassiker wieder in Buchform verfügbar zu
machen. Die Werke wurden eingescannt und digitalisiert. Dadurch
können etwaige Fehler nicht komplett ausgeschlossen werden.
Unsere Kooperationspartner und wir von tradition versuchen, die
Werke bestmöglich zu bearbeiten. Sollten Sie trotzdem einen Fehler
finden, bitten wir diesen zu entschuldigen. Die Rechtschreibung der
Originalausgabe wurde unverändert übernommen. Daher können
sich hinsichtlich der Schreibweise Widersprüche zu der heutigen
Rechtschreibung ergeben.

# 1. Allgemeines.

## Zur Litterargeschichte.

### (Um 1860.)

**1.**

Die Zeit dürfte nicht entfernt sein, wo die Deutschen das Ueber-triebene und Unausführbare ihrer politischen Bestrebungen einse-hen werden. Damit ist aber noch wenig gethan. Die politischen Ueberzeugungen sind nur der ins Praktische hineinragende Teil des Ideenkreises einer Nation und Zweige und Schößlinge wegschnei-den ist ein schlechtes Auskunftsmittel, solange die Wurzel in der Erde bleibt. Es muß daher ausgesprochen werden: die ganze Bil-dung der deutschen Nation in den letzten zwanzig Jahren war eine falsche. Vielleicht gilt dasselbe von ganz Europa mit Ausnahme von England. Das gehört aber nicht hierher. Wenn der Mensch in sich gehen will, muß er seine eigenen Fehler im Auge haben, ohne sich um die der übrigen zu bekümmern.

Wenn ich die letzten zwanzig oder fünfundzwanzig Jahre als den Wendepunkt dieser Verkehrung ausspreche, so geschieht dies nicht willkürlich. Eine auffallende Erscheinung nach außen verbürgt eine gewaltige Aenderung nach innen. Dieses äußere Merkmal ist der Eigendünkel.

Ich will hier vor allem die Litteratur ins Auge fassen, einmal da ja doch von der Bildung die Rede ist, dann weil die neuere Bewegung hauptsächlich von Ideen ausgeht, deren Ausdruck und Verbreitung vor allem ins Gebiet der Litteratur gehört. Es versteht sich von selbst, daß hier nicht von den exakten und Naturwissenschaften die Rede sein kann. Diese gehen, wenn einmal der erste Anstoß gege-ben ist, durch Erfahrung und Experimente geleitet, von selbst ihren Weg, haben aber in ihrer Objektivität auf die Ausbildung des Sub-jekts, um die es sich hier handelt, nur geringen Einfluß. Philosophie, Geschichte, Theologie wenn man will, und die Kunst; alles was auf Gemüt, Charakter und die Richtigkeit des Verstandesgebrauches einwirkt, habe ich hier im Auge.

Um also wieder in die Reihenfolge zurückzukommen: die Deutschen waren bei ihrem ersten Erwachen aus säkularischem Schlafe in der letzten Hälfte des vorigen Jahrhundertes eine wackere, tüchtige, pflichtgetreue, vor allem aber bescheidene Nation. Zu letzterem hatten sie auch alle Ursache. Hinter ihren Nachbarn zurückgeblieben, bei ihren ersten Fortschritten auf die Nachahmung angewiesen, war kein Grund zur Selbstüberhebung. Ja, als die Litteratur später mit reißender Schnelligkeit einen bedeutenden eigentümlicheren Charakter annahm, blieb sie der alten Nationaleigenschaft getreu. Kants Philosophie ist die wissenschaftliche Anerkennung der menschlichen Beschränktheit. Wenn Goethe sich mitunter anmaßender gab, so war es etwa mehr aus Aerger über die Spießbürgerlichkeit seiner Landsleute; sich den schöpferischen Geistern früherer Jahrhunderte gleich- oder wohl gar voranzusetzen, ist ihm wohl nie eingefallen. Selbst als die unmittelbar auf Kant folgenden Philosophen nebst den Gebrüdern Schlegel zuerst den Ton des Absprechens und der Selbstüberschätzung anschlugen, blieb die Neuerung doch größtenteils im Kreise des Schulstaubes und berührte die Nation wenig. Schon nachhaltiger wirkte, durch August Wilhelm Schlegel veranlaßt, das Buch der Mad. Staël *de l'Allemagne*. Es war das erste Zeichen der Anerkennung von seiten des Auslands und wirkte mit der Stärke eines befriedigten Bedürfnisses, da die unleidliche französische Unterdrückung den Nationalgeist wachzurütteln angefangen hatte.

Der eigentliche Wendepunkt aber waren die Befreiungskriege. Deutschland hatte, freilich mit der Beihilfe von halb Europa, den Sieger der Welt besiegt, ja was noch mehr, die Nation glaubte zum erstenmale nicht auf Geheiß oder im Interesse seiner Fürsten, sondern aus sich selbst etwas gethan zu haben. Ein praktisches Ferment kam in die nur für Abstraktionen und Idealitäten eingerichteten Gemüter. Die Gärung war ungeheuer und zeigte sich in Monstrositäten. Zugleich war das Ausland zuerst auf die Deutschen als ein ihnen ebenbürtiges Nachbarnvolk aufmerksam geworden. Eine Bildung, die sie nicht geahnt, eine Litteratur, von deren Dasein sie nichts gewußt, fiel ihnen mit der ganzen Gewalt des Unerwarteten in die Augen. Der Eindruck mußte um so stärker sein, als die Glanzperiode der europäischen Litteratur längst vorüber war und die deutsche, als von gestern, den Ansichten und Bedürfnissen von heute am meisten entsprach.

Ueberhaupt hat die deutsche Litteratur, aus der Ferne angesehen und für denjenigen, der sie nur zum Teile kennt, etwas ungemein Bestechendes. Da ihr Unterscheidendes darin besteht, die Peripherien jeder Sphäre auszudehnen und die Gattungen zu vermischen, so bekommen ihre Hervorbringungen einen Anschein von Reichtum, der aber nur zu bald verschwindet, wenn man sich überzeugt hat, daß der Umkreis weit, das Innere aber arm an Erfüllung, um nicht zu sagen, leer ist. Darum staunen die Franzosen die deutsche Philosophie an, die sie nicht kennen, Lord Byron glaubte sein Urbild von Poesie in der deutschen zu finden, und die Freigeister aller Nationen haben keine Ahnung, daß die deutschen Himmelsstürmereien nur die weitere Ausführung des von ihnen ausgegangenen Anstoßes sind.

Unglücklicherweise fiel diese Anerkennung des Auslandes und das Erwachen der eigenen Schätzung gerade in eine Zeit, wo auch die Glanzperiode der deutschen Litteratur sich ihrem Ende nahte. Goethe, der einzig Übriggebliebene, war Deutscher genug, um sich in der letzten Hälfte seines Lebens in die verschiedensten Richtungen zu zersplittern und die Wärme seines Innern minder als Folge des Alters, als durch die Verteilung in das unermeßliche All bis zur Lauheit abzuschwächen. Ueberhaupt haben die sogenannten goldenen Zeitalter der Litteraturen das Traurige, daß ihnen gewöhnlich ein um so ärmlicheres unmittelbar nachfolgt. Nationen von Geschmack und gesunder Urteilskraft sind von der Vortrefflichkeit des Vorhergegangenen so durchdrungen, daß ihnen alles Heil in der sklavischen Nachahmung zu liegen scheint, indes die Völker, bei denen jene Eigenschaften weniger die Grundlage des Charakters ausmachen, sich aufgefordert fühlen, das Vorhandene zu überbieten, weiterzuschreiten, wie man's nennt, und das ist eben jene Ausdehnung des Umkreises, von der ich vorher sprach, indes die Mitte leer bleibt. Die Deutschen, ihrem Streben nach Gründlichkeit zufolge, geborne Kritiker, hatten bald die Mängel ihrer großen Geister weg. Sobald sie nur diese Fehler vermieden, glaubten sie unschuldigerweise, die Vorzüge würden sich von selbst einstellen und so das Wissen mit dem Können verwechselnd, wagten sie sich kühn in die äußersten Fernen der menschlichen Entwicklung.

Das Paladium dieser Entwicklung nun und der Mittelpunkt des menschlichen Wesens ist die richtige Empfindung, die Richtigkeit nicht als Wahrheit genommen, sondern als Widerspruchslosigkeit, als Uebereinstimmung aller Faktoren des Auffassungs- und Thätigkeitsvermögens. Das ist so wahr, daß selbst das Letzte des Verstands- und Vernunftgebrauches, die Ueberzeugung, kein Denkergebnis, sondern eine Empfindung ist, das Zeugnis des Innern, daß das unwiderleglich Bewiesene mit dem Gesamtvorrate des ihm als wahr Geltenden übereinstimme. So wie auf der andern Seite, was aber nicht hierher gehört, eine zweite Empfindung, das Gewissen, den praktischen Verstandesgebrauch leitet und abschließt. Sie ist der Verbindungsknoten, in dem die geistige und animalische Natur des Menschen zusammentreffen, das artikulierte Gefühl und der unartikulierte Gedanke. Ihr Ausdruck ist die Anschauung, die Art und Weise, wie der Mensch im ungetrennten Gebrauche seiner Fähigkeiten und Eigenschaften die Dinge und Begebenheiten in sich aufnimmt.

Was nun diese Empfindung aussagt, ist schon darum nicht unbedingt wahr, weil das halb Animalische des Gefühls darin eine so große Rolle spielt. Es ist daher allerdings die Aufgabe des Geistes, den Komplex der Empfindung in jedem einzelnen zu trennen. Das Individuelle des Eindrucks auf allgemeine Geltung zu bringen und sich der Gründe und Folgen bewußt zu werden; zu behaupten aber, daß der eine Teil der menschlichen Natur das Recht habe, an die Stelle des Ganzen einzutreten, ist lächerlich. Der Trieb, die Neigung, das Instinktmäßige sind ebenso göttlich, als die Vernunft, und das einzige Faktum der Begeisterung mit all dem Großen, was je durch sie geschah, reicht hin, um die isolierte Denkwirtschaft der Marktschreierei zu überführen. Der Verstand oder wenn man will die Vernunft, kann vielleicht folgerichtig dahin gelangen, an der Realität der wirklichen Dinge zu zweifeln; wer aber wirklich daran zweifelt, ist ein Narr.

Die Denkkraft nun, die Hand in Hand mit der Empfindung geht, ist was man den gesunden Menschenverstand nennt. Mit ihm allein kommt man allerdings in den höheren Bereichen der Wissenschaft nicht weit, ihn aber gänzlich aus den Augen zu verlieren, macht das Denken zum Grübeln und führt zum Unsinn.

Dieses Unglück nun ist über Deutschland durch die neueste Philosophie gekommen. Hegel, wenn nicht einer der schärfsten Denker, doch gewiß einer der größten Denkkünstler aller Zeiten, hatte zugleich viel zu viele gesunde Urteilskraft, um auf seine monströsen Resultate oder vielleicht auf seine verrückte Methode zu verfallen, wenn nicht seine unmittelbaren Vorgänger dem natürlichen Verstandesgebrauche so schreiend Hohn gesprochen hätten. So aber baute er auf ihrem schwankenden Boden fort und das Gebäude mußte daher notwendig schief ausfallen.

Immerdar bleibt sein Wirken merkwürdig für alle Zeiten, als ein, wenngleich verunglückter Versuch, das Rätsel der Welt im Wege des reinen Vernunftgebrauches aufzulösen. Zugleich enthält es einerseits so viele Analogien mit der Wahrheit, daß man manchmal über die scheinbare Nähe erschrickt, andererseits macht es keine Schande, das nicht erreicht zu haben, was ganz zu erreichen vielleicht unmöglich ist.

Das Unglück war nur, daß seine Zeit an seine Resultate, vor allem aber an seine Beweise geglaubt hat, die unbewiesener sind als das zu Beweisende selbst.

Der Schade, der dadurch angerichtet wurde, ging nach mehreren Seiten. Erstens kam dadurch der natürliche Verstandesgebrauch in Mißkredit. Der Verstand, dessen Aufgabe die Entfernung von Widersprüchen ist, wurde einer sogenannten Vernunft untergeordnet, die sich mit der Erzeugung von Widersprüchen beschäftigt, oder vielmehr der Widerspruch selbst ist, der, nachdem er in seinem Gange die Mondkälber der Ideen erzeugt, selbst in der Gottheit nach augenblicklicher Ruhe als ein gehetzter Gedankenhase zu neuem Kreislauf, eine Bewegung ohne Bewegtes, wieder aufgejagt wird.

Zweitens, indem man alles durch das Klügeln Unaufgelöste mit dem Schimpfnamen des Unmittelbaren belegte, wurde das ganze Reich der Empfindungen mit dem Charakter des Unvollkommenen, Schwächlichen, Aufzuhebenden gestempelt und die Wärme des Gemütes verwandelte sich in Erhitzung des Kopfes, um so mehr, als selbst das höchste Zeugnis der Empfindung: die Freiheit des Willens in ein sich Bewußtwerden und sich Gefallenlassen der Notwendigkeit aufgelöst worden war.

Das letzte Ergebnis endlich, und was am meisten hierher gehört, war ein maßloser Eigendünkel. Wie sollte auch eine Zeit, die ihren Geist als die Inkarnation des göttlichen betrachtete, der die ganze Natur »durchsichtig« war, die den Schlüssel zu allen Rätseln der Welt gefunden hatte, anders sein als hochmütig, hochmütig als Menschen und kraft des Erfinderprivilegiums, hochmütig als Nation. Der nationelle Eigendünkel wurde nur noch durch ein anderes unmittelbar darauffolgendes Ereignis erhöht: das Entstehen der deutschen Sprach- und Altertumswissenschaft. Der Veranlasser dieser geistigen Richtung, ein so außerordentliches Sprachgenie und auch sonst so vielseitig begabter Mann, daß man seinesgleichen unter den ähnlich Strebenden aller Zeiten vielleicht kaum findet, hatte aber unglücklicherweise in der Mischung seines Wesens einen bedeutenden Anteil Phantasie, die, wenn sie sich in die Untersuchung mischt, gar leicht in Phantasterei umschlägt. Es war vorauszusehen, daß das neue Fach, nachdem einmal die Hauptsache gethan war, als ein leichtes Mittel durch Fleiß, Nachbeterei und Koterieprotektion, auch ohne alles Talent zu Beachtung, Geltung, wohl auch Ehrensold zu gelangen, bei jenem Heer unbegabter Litteraten, mit denen uns die Vielwisserei der deutschen Universitäten bis zum Ekel versieht, den größten Anklang finden werde. Was im höchsten Grade schätzbar gewesen wäre, wenn zwei oder drei berufene Geister sich damit beschäftigt und die Resultate der Welt mitgeteilt hätten, artete in einen litterarischen Landsturm aus, durch den alle Bibliotheken durchstöbert und Schund aller Art, wenn er nur alt- oder mittelhochdeutsch war, zu Tage gefördert wurde. Teils in der Freude des Findens, teils weil man sich doch nicht um nichts geplagt haben wollte, übertrug man den sprachlichen Wert des Gefundenen auf den Inhalt und sprach von Meisterwerken, wo man von Unbedeutenden, aber mit Rücksicht auf Zeit und Umstände noch immer Erfreulichen hätte reden sollen.

Dadurch wurde nun dem überflutenden Eigendünkel der letzte Damm weggerissen. Dieser Damm lag in dem Bewußtsein, daß die deutsche Bildung in der allgemeinen europäischen die letztgekommene, abgeleitete, durch Nachahmung entstandene sei. Nun aber schien sich zu ergeben, daß die Nation schon im fernen Mittelalter den übrigen vorausgestanden, daß sie durch ihre Selbstschätzung nur verjährte, unverlierbare Rechte wieder in Anspruch nehme.

Genau genommen hätte gerade die mittelhochdeutsche Poesie zur Bescheidenheit auffordern sollen, da mit Ausnahme des rätselhaften Nibelungenliedes, die übrigen epischen Gedichte die Nachbildung aus dem Französischen selbstbekennend und selbstempfehlend an der Stirne trugen.

Darauf nahm man aber um so weniger Rücksicht, als selbst diese Blüte der Poesie nur der Nachklang einer frühern, vorweltlichen, mastodontisch-ichthyosaurischen sein sollte. Da schon Hegel die Geltung des Talentes in Zweifel gezogen hatte und es dem unbegabten Pedanten zu Paß kam, das Vorrecht der Begabung abzuleugnen, so träumte man von Gedichten ohne Dichter. Man ließ die Epen aus Volksliedern entstehen, die wer immer aus dem Pöbel gemacht und nur irgend ein mittelhochdeutscher Pedant auf gut Glück zusammengesetzt hatte. Auf diese Art fand sich die ganze Nation zu Dichtern erhoben und kraft der Volkspoesie war kein Grund, warum nicht jeder poetische Schmierer unserer Tage sich als ein Vorarbeiter für künftige Iliaden oder Odysseen betrachten sollte.

Diese Ansicht fand um so mehr Beifall, als während der letzten Jahrzehnte in Deutschland wie in ganz Europa das Talent sich selten gemacht hatte, ja in Deutschland, wo bei dem immerwährenden Zersprechen und Vermitteln jede Konzentration des Gemütes unmöglich geworden war, ganz abhanden kam. Was an bildender Kraft abging, sollte durch den Inhalt ersetzt werden, und da es den matten Seelen an jeder Eigentümlichkeit fehlte, wurde dieser Inhalt unmittelbar von der Straße genommen.

Dieser von der Straße genommene Inhalt, indem er für das Vergangene das Phantom der Volkspoesie erzeugte, brachte für die Gegenwart die politische Poesie hervor.

## 2.

Nicht leicht ist die Geschichte je in so hohem Ansehen gestanden, als bei den neuesten Deutschen. Und mit Recht. Die Naturwissenschaften beiseite gesetzt, und solange es keine Philosophie gibt, ist die Geschichte die Lehrerin des Menschengeschlechtes. Freilich ist ihr Nutzen großenteils ein negativer. Sie zeigt uns den Hochmut, den Eigennutz, die Leidenschaften, die Irrtümer, die von jeher an den Geschicken der Welt gerüttelt haben, und lehrt, sich davor zu hüten; aber eben dadurch wird ihr Nutzen auch positiv, denn wenn man erst alle falschen Wege bezeichnet hat, fände man wohl auch den rechten. Wer eine solche Ansicht des Menschengetriebes für zu dunkel hielte und dagegen die unleugbaren Fortschritte der Welt zum Bessern anführte, mag in Bezug auf das Trübe der Ansicht unsere Zeit und die nächstverflossene betrachten; was aber den Fortschritt betrifft, nicht vergessen, daß einzelne ausgezeichnete Männer der That, des Wissens und der Kunst allerdings wie Leuchttürme ihr Licht auf ganze Generationen und Epochen geworfen haben; andererseits aber den glücklichen Umstand in Anschlag bringen, daß das Gute und Rechte, abgesehen von ihrem innern Wert, auch noch den äußern haben, daß sie der Nutzen aller, gegenüber dem Eigennutz des einzelnen, sind, so daß jeder Gewinn- und Ehrsüchtige im großen das ganze Menschengeschlecht gewissermaßen aus dem nämlichen Motiv gegen sich hat, und der gewaltthätige Frevler zuletzt nicht sowohl besiegt als erdrückt wird.

Wenn man nun aber der neudeutschen Verehrung der Geschichte näher nachforscht und, wie in einem Kaufladen, außer der Aufschrift auf der Büchse, in die Büchse selber hinein sieht, so wird die Freude über jene Wertschätzung sehr vermindert. Da ist denn die Geschichte der sich selbst realisierende Begriff, und noch dazu mit nachweisbarer Notwendigkeit und zu immerwährendem Fortschritt. Hier hört auf einmal der praktische Nutzen der Geschichte auf, und sie bekommt dafür einen theoretischen Heiligenschein. Sie ist das Wandeln Gottes auf der Erde, welcher Gott aber seinerseits durch die Geschichte erst gemacht wird. Die Vergangenheit zu erforschen, wäre ein Geschäft für die Schwachköpfe, die nicht die Gabe haben, sie aus der Gegenwart zu deduzieren, und der Geschichtschreiber hätte sich vielmehr an die Zukunft zu wenden, um sie, gleichfalls mit Notwendigkeit, im voraus zu bestimmen. Man sage nicht, daß diese Ansichten einer halbverrückten Philosophie unserer wirklichen Geschichtschreibung aufgedrungen seien; in den Werken unserer ausgezeichnetsten Historiker finden sich Spuren davon und werden diese Werke, trotz ihrer Vorzüge, einer aus der Trunkenheit erwachten Nachwelt geradezu ungenießbar machen. Warum ich von dieser Verirrung der Geschichte spreche, ist, weil sie ihren Einfluß auch auf die Litterargeschichte ausgeübt hat, von der ich eben sprechen will.

Zwischen dieser, der Litterargeschichte und der Menschen- oder Völkergeschichte, zeigt sich nun gleich von vornherein ein ungeheurer Unterschied, der nicht nur ihren Gegenstand, sondern auch ihren Wert und Nutzen betrifft. Die Begebenheiten der Völkergeschichte sind vergangen, und sie zu erforschen und richtig zu stellen, ist die Hauptaufgabe des Historikers; die Begebenheiten der Litterargeschichte, die Werke der Schriftsteller sind noch heute da, wie vor Jahrhunderten, ja vor einem Jahrtausend. Homer und Shakespeare stehen vor mir auf meinem Pulte, und ich kann jeden Augenblick sie mir vergegenwärtigen, nicht bloß die Nachricht von ihnen, sie selbst, als ob ich mit ihnen zugleich lebte. Die Zeit- und Ortsverhältnisse, in denen sie sich befanden, sind allerdings wichtig zum Verständnis ihrer Werke, aber das leistet die Völkergeschichte, und es braucht dazu keine weitere Beihilfe. Biographische Nachrichten erläutern manches, vor allem die Mängel der Schriftsteller; die Welt lebt aber von ihren Vorzügen. An dem Schriftsteller mehr Anteil zu nehmen als an seinen Schriften ist eine sentimentalverhätschelnde Manier, die nur dazu dient, verunglückte Halbgenies mit dem Troste zu erquicken, was sie alles Erstaunliches geleistet hätten, wenn Zeit und Umstände ihnen günstig gewesen wären.

Wenn auf diese Art die eigentlichen Fakten der Litterargeschichte, die Werke der bedeutenden Schriftsteller, jedermann ohnehin zugänglich sind, so bliebe ihr als Historie nichts übrig, als von den Unbedeutenden zu sprechen. Die mögen aber nur unbekannt bleiben. In der politischen Geschichte ist das Volk oder (wenn ich die Besten weggenommen habe) der Pöbel nicht ohne Bedeutung; er fügt den Unternehmungen der hervorragenden Männer die physische Kraft bei; in der Litteratur ist der Schriftstellerpöbel nur da, um durch Nachahmung das Gute zu entstellen und dem Schlechten eine längere Dauer zu geben: mit Ausnahme der Zeiten, die von Originalität und Genialität träumen, wo derlei Subjekte Albernheiten auf eigene Faust treiben.

Man könnte mir einwenden, daß die Litterargeschichte wenigstens für jenen Teil des Publikums ihren Wert behalte, der, andern Beschäftigungen hingegeben, nicht Zeit und Gelegenheit hat, von den Werken ausgezeichneter Schriftsteller selbst Kenntnis zu nehmen, sowie daß für dasselbe Publikum, ja für einen Teil der die Litteratur *ex professo* treibenden Personen, das richtige Verständnis jener Werke mitunter schwierig sei und daher eine Nachhilfe nötig mache. Aber nebstdem, daß letzteres schon aus dem Felde der Geschichte in das der Kritik übergeht, spare ich mir die Besprechung dieser beiden Punkte für den weiteren Verfolg auf.

Mit alledem will ich nicht von der Litterargeschichte übel gesprochen haben. Sie hat mir selbst zu viel Vergnügen gemacht, als daß ich es nicht dankbar erkennen sollte. Der Mensch will alles wissen; er soll über alles denken. Außer der Wißbegierde (ich nenne so, wenn man etwas missen will, was innern oder äußern Nutzen gewährt) gibt es auch eine erlaubte, ja löbliche Neugier, die vor allem den geistreichen Menschen befällt und unabläßlich nach Befriedigung strebt. Ich eifere nur gegen den in neuerer Zeit prätendierten Nutzen der Litterargeschichte selbst für die praktische weitere Fortbildung der Litteraturzweige und zähle sie vielmehr jenen mitunter gefährlichen Bestrebungen zu, die, indes sie einerseits die Masse der oberflächlichen Kenntnisse, will sagen: Notizen, vermehren, auf der andern Seite den Gesichtskreis ins Unermeßliche erweitern, so daß endlich jene innere Konzentration immer schwieriger wird, ohne die eine That oder ein Werk nicht möglich ist. Im Mangel dieser Konzentration liegt aber der Fluch unserer Zeit.

Wie wenig gering ich von der Litterargeschichte denke, zeigt schon die Überschrift dieser Blätter. Ich habe nämlich versprochen, nicht *über*, sondern *zur* Litterargeschichte zu sprechen, also einen Teil Geschichte selbst und zwar, wie ich mich jetzt näher erkläre, zur Litterargeschichte der Gegenwart. Daß ich hierbei, nach der Natur meiner eigenen Beschäftigungen, vor allem die Poesie im Auge habe, wird wohl jedermann schon von vornherein vermutet haben. Ich werde hierbei keine Werke beurteilen oder Namen nennen; mir ist es um das Ganze der Erscheinung und ihre Gründe zu thun. Wenn ich hierdurch in den Tadel verfalle, den ich kurz vorher über jene ausgesprochen habe, die aus dem Boden der Geschichte gar zu gern in den der Kritik übergehen, so bleibt allerdings wahr, daß, wer die Geduld hat, all das Mittelmäßige und Schlechte zu lesen, das der Historiker als solcher sich nicht ersparen kann, wohl kaum je die Gabe haben wird, ein berechtigtes Kunsturteil zu fällen, indes der künstlerisch Begabte nie den Ekel überwinden wird, den eine solche nichtssagende Lektüre mit sich führt. Ein Dichter aber, und ein solcher schmeichle ich mir zu sein, dürfte wohl, mit Vernachlässigung des Einzelnen, seine Meinung über den allgemeinen Standpunkt abgeben dürfen.

Eigentlich ist Geschichte der Gegenwart ein Widerspruch. Die Gegenwart ist ein Augenblick, ein Jetzt, das im nächsten Augenblick in die Zukunft übergeht, von der wir nichts wissen, andererseits aber sich an die nächste Vergangenheit knüpft, die man wohl unter dem Namen der Gegenwart auf ein sogenanntes Menschenalter ausdehnen kann: soweit die Jetztlebenden sich zurückerinnern, und zwar um so mehr, wenn dieser Zeitverlauf zugleich einen Wendepunkt in sich schließt, wo er denn zur Epoche wird. Ein solcher Wendepunkt hat nun in der deutschen Poesie allerdings stattgefunden, und er dürfte so ziemlich mit Schillers Tode zusammentreffen; der große Goethe hat ihn zwar um viele Jahre überlebt; aber an der Poesie zuletzt fast nur durch den Wechselverkehr mit seinem Freunde festgehalten, gab er sich von da an immer mehr und mehr den Naturwissenschaften hin, und seine spätern poetischen Erzeugnisse haben, bei diesem geteilten Interesse, dem Verfalle der Poesie eher Thür und Thor geöffnet, als ihr einen wirksamen Damm entgegengesetzt. Hiervon, so frevelhaft es klingen mag, vielleicht später mehr.

Die erste Erscheinung dieser neuen Epoche: die Abnahme des Talents, mit einem immer sich mehrenden Beischmack von Talentlosigkeit, darf uns, was die bloße Abnahme betrifft, weder wundern noch beschämen. Die unmittelbar vorausgegangene Periode war eben das goldene Zeitalter der deutschen Poesie, ja der deutschen Litteratur überhaupt. Alle Litteraturen haben solche Glanzperioden, deren Gründe zum Teil erklärbar, teils so unerklärlich sind, als alle Erscheinungen der geistigen und körperlichen Natur. Nach einigen anregenden Vorläufern erscheinen ein, gewöhnlich aber zwei große Dichter, welche die Poesie mit einem Ruck auf eine bis dahin nicht geahnete Stufe erheben. Die Nation fühlt sich auf den neuen Weg hingewiesen, die Sprache gewinnt Farbe und Gestalt; Gleichgestimmte werden sich ihrer dunkeln Begabung bewußt; die der allgemeinen Richtung Widerstrebenden werden durch die Gewalt des Mittelpunktes zu einer gewissen Konzentrizität gezwungen. Selbst das Mittelmäßige arbeitet sich zur Angemessenheit und Brauchbarkeit empor. So weit ist alles erklärlich. Aber die große Masse und Bedeutendheit der Talente auf einem Punkt, verglichen mit der frühern Dürre und der darauffolgenden spätern, obgleich den Nachgekommen das Beispiel der großen Männer mit den Gleichlebenden gemeinschaftlich ist: darin liegt das Rätselhafte der Sache.

Diese Glanzperioden haben nämlich für die nächste Zukunft etwas Gefährliches, Nationen von Geschmack und gesundem Urteil sind von der Vortrefflichkeit des Vorhergegangenen so durchdrungen, daß sie in der genauen Nachahmung das einzige Heil sehen und so allgemach in leeren Formalismus geraten, indes Völker, denen jene Eigenschaften im mindern Grade eigen sind, meinen, das Vortreffliche zu haben, das sie nur besitzen, und sich gedrungen fühlen, darüber hinauszugehen. Fortschreiten nennt man es. Unsere Landesgenossen haben diesen letztern Weg erwählt. Wie es kam, lohnt der Mühe betrachtet zu werden.

Die Deutschen waren von dem Zeitpunkte an, als die Faust aufhörte, den Wert zu bestimmen, die bescheidenste Nation der Erde. Aus ihrer politischen Bedeutung herabgesunken, von ihren Nachbarn, nicht an löblichen Eigenschaften, wohl aber an Macht, Glanz und Bildung übertroffen, fiel es ihnen nicht ein, von sich selbst groß zu denken. Sie hatten bereits eine große Litteratur, und sie maßten sich noch keiner Ueberhebung, ja kaum einer Vergleichung an. Wenn Goethe den oft wiederholten Ausspruch that: »nur die Lumpe seien bescheiden,« so fühlte ganz Deutschland, erstens, daß es dem alten Herrn selbst nicht geschadet hätte, wenn er etwas bescheidener gewesen wäre; dann, daß er dabei wohl nur gemeint habe, wie er eben nicht Lust empfinde, gegen irgend einen seiner Zeitgenossen demütig zu sein; worin er ganz recht hatte. Selbst die Vormänner der Litteratur waren sich bewußt, als die Letztgekommenen, sich an fremden Mustern herangebildet zu haben, und sie schämten sich weder ihrer Lehrlingschaft, noch verleugneten sie ihre Lehrer. Die Anmaßungen der Schlegel, die Selbstüberhebung der nachkantischen Philosophen hielten sich im Kreis der Schule, und die Nation blieb bescheiden wie vorher. Es fehlte nämlich, was auch den einzelnen über sich selbst aufklärt: die fremde Anerkennung.

Diese Anerkennung wurde Deutschland durch das Werk der Madame Staël *de l'Allemagne* zu teil. Obwohl sie selbst ihren Gegenstand größtenteils nur aus fremder Zurichtung kannte und bei ihrem Lob, wie ihr Vorgänger Tacitus, nach einer andern Seite aggressive Hintergedanken im Sinne hatte, so hob sich doch durch die Darstellung der geistreichen Frau, in der Weltsprache geschrieben, das litterarische Deutschland wie eine neu entdeckte Insel aus dem Weltmeere der Jahrhunderte empor. Das Ueberraschende des Eindrucks, dort, wo man nichts als Leere vermutet hatte, eine vollständige und bedeutende Litteratur zu erblicken, dazu der Umstand, daß die übrigen Litteraturen Europas eben damals gar nichts hatten und die deutsche, als von gestern, der Empfindungs- und Anschauungsweise von heute am gemäßesten entgegenkam, wirkte magisch, und der Lichtglanz nach außen verklärte, zurückgeworfen, das Land. Hierbei ging es freilich wie mit der gerühmten Weisheit der alten Aegyptier; man lobte, was man nicht kannte. Ueberhaupt hat die deutsche Litteratur, unbeschadet ihrer Vorzüge für den, der sie kennt, etwas ungemein Bestechendes für den, der sie aus der Entfernung betrachtet. Das kommt von der Vermischung der Gattungen. Man mengt die Philosophie in die Poesie, und dafür wieder letztere in jene. Naturwissenschaft und Geschichte strotzen von sogenannten Ideen, die in ihrer Halbwahrheit überraschen. Dadurch werden die Umkreise ins Ungeheure ausgedehnt, und man muß scharf hinsehen, um zu bemerken, daß die Mitte häufig leer ist.

In dieser Geistesstimmung fanden uns die Befreiungskriege, die den kulturhistorischen Abschluß der früheren Litteraturperiode bilden, wie Schillers Tod den litterarischen. Deutschland hatte damals seine Schuldigkeit gethan und wohl auch mehr. Die Unabhängigkeit der deutschen Gauen war errungen. Sie hatten, und zwar, wie sie gütigst voraussetzten – allein – den Helden des Jahrhunderts besiegt, nicht auf Geheiß ihrer Fürsten, sondern gewissermaßen selbst gegen den Willen derselben, aus eigenem Antrieb, freiwillig, durch Volksmacht. Ein neues tausendjähriges Reich von Freiheit, Ruhm und Größe schien angebrochen. Wer alt genug ist, um sich jener Zeit, als ein damals schon Gereifter, lebhaft zu erinnern, wird sich leicht die Ungeheuerlichkeiten vergegenwärtigen, die das erwachte Nationalgefühl an das Licht der Sonne brachte.

Augenblicklich wirkte das noch nicht auf die Litteratur. Die Schlachtensänger der Zeit hielten sich so ziemlich in den Fußstapfen

Schillers, und Goethe, obgleich politisch bemakelt, blieb der Abgott der Nation.

Unglücklicherweise mußte aber der außerordentliche Mann selbst dem Verderbnis in die Hand arbeiten. Einerseits erging es ihm wie jedem, der widerstrebt; indem er sich nicht fortreißen lassen will, nähert er sich unwillkürlich der entgegengesetzten Seite mehr als billig. Mit Ausnahme Lord Byrons (wo denn der Engländer und der Lord auch mit in Rechnung kommen) widmete er seine Anerkennung nur dem Wirkungslosen, Abgeschwächtruhigen. Trotz seiner anderweitigen Beschäftigungen konnte er doch nicht unterlassen, sich von Zeit zu Zeit poetisch auszukünden, was aber so nebelhaft, abstrus und matt geriet, daß nur eine alte Garde von Hochgebildeten den Einbruch der Barbaren in sein Feldlager mühsam abhielt. Ich habe mich in dem Bisherigen so ziemlich als ein Freund des Alten dargestellt; demungeachtet aber muß ich bekennen, daß der Dalai-Lama-dienst der damaligen Goetheaner nicht so absurd, aber bedeutend abgeschmackter war, als die Burschikosität unserer heutigen Feuer- und Wassermänner.

Da geschah etwas, was der Urteilsfähigkeit der deutschen Nation auf ewig zur Schande gereichen wird. Ein obskurer Skribler schrieb falsche Wanderjahre, in denen er Goethe offen angriff, und mit *einem* Schlage, sozusagen über Nacht, fielen zwei Dritteile Deutschlands von dem für alle Zeiten ehrfurchtgebietenden Großmeister ihrer Litteratur ab. Es wurde offenbar, daß, mit Ausnahme seiner Jugendwerke, Goethes übriges Wirken der Nation fremd geblieben und seine Verehrung nichts als Nachbeterei war.

Die entstandene Bresche stürmte das junge Deutschland. Die Masse war froh, auf die frühern Nebelbilder und Schauessen wenigstens etwas Substantielles zwischen die Zähne zu bekommen, und die Verwilderung machte reißende Fortschritte.

Vielleicht wäre bei der sehr geringen Begabung der damals thätigen Geister die Wirkung nur eine vorübergehende gewesen, wenn nicht zwei andere Faktoren thätigst mitgewirkt hätten: die seit den Befreiungskriegen immer fortwuchernden politischen und Freiheitsideen, dann und vor allem: die Hegelsche Philosophie.

Die erstern machten es jedem Tropf möglich, den Anteil des Publikums zu gewinnen, wenn er nur gegen die Gewalt ankämpfte, den

Fürsten bittere Wahrheiten sagte und alles Heil vom Volke, will sagen: von seinen Lesern erwartete. Ja, diese Ideen wirkten nach einer zweifachen Seite. Selbst die Dichter wurden besser, als sie waren, wenn sie, beim Mangel eigener Begeisterung, sich an der allgemeinen begeisterten. Wie *einer* sich am Ofen wärmt, wenn ihm die eigene Wärme ausgeht, oder die Bauernbursche und Mägde, die sonst kein Wort zu sagen wissen, witzig, ja in ihrer Art geistreich werden, wenn das Gespräch auf versteckte Zweideutigkeiten und Unanständigkeiten fällt. Vielen dieser politischen Gedichte kann man eine gewisse Anerkennung nicht versagen, indes die Verfasser, als ihnen das Handwerk in dieser Richtung gelegt wurde, entweder ganz verstummten oder über keinen andern gedenkbaren Gegenstand etwas nur Leidliches vorzubringen wußten.

Es ist hier nicht der Ort, und ich bin wohl auch nicht im stande, die Hegelsche Philosophie philosophisch abzuschätzen, was übrigens auch nicht notwendig sein dürfte, da sie ihre Geltung bei allen Vernünftigen bereits verloren zu haben scheint. Mir ist nur um ihren Einfluß auf die übrige Litteratur zu thun. Und der war nun: der maßloseste Eigendünkel. Was Wunder auch? Die Natur war durchsichtig geworden, die Schlüssel zu allen Rätseln der Welt waren gefunden. Gott war nur noch ein Rattenkönig aus Menschen, oder vielmehr er war ein Deutscher, da die Deutschen ihn nach ihrem Ebenbilde geschaffen, indem sie ihn demonstrierten und allein begriffen. Da die Entwicklung des objektiven Begriffes den immerwährenden Fortschritt notwendig in sich schloß, so konnten die Mitlebenden nicht zweifeln, ihren Vorgängern unendlich überlegen zu sein, wenn nicht an Talent, doch durch die Höhe des Standpunkts, auf den alles ankam. Wir haben erlebt, daß bei einer Schillerfeier der große Mann entschuldigt wurde, daß er sich mit der Ausschmückung von romantischen Albernheiten befaßt habe, aber daran trage seine Zeit die Schuld, und nicht er. Wenn Goethe bei den Wortführern in großer Achtung blieb, so verdankte er es weniger seinen Vorzügen, als seinen Fehlern, worunter eine gewisse Gleichgültigkeit gegen Recht und Unrecht gehört, so daß das Moralische dem Thatsächlichen untergeordnet wird.

Ueber ihren Mangel an Talent trösteten sie sich damit, daß unsere Zeit eine Uebergangsperiode sei, und ihr Augenmerk ging besonders auf die Zukunft, der sie die Richtung vorzeichneten und den

Weg pflasterten. Daß auf diesem Wege das Außerordentliche kommen müsse, zweifelten sie keinen Augenblick. Ich erinnere mich hierbei eines politischen Zeitungsschreibers aus dem Jahre 1848, der sich wunderte, daß die allgemeine Revolution noch keinen großen Mann hervorgebracht habe, indes doch die Revolutionen die großen Männer auf die Oberfläche brächten; was auch allerdings wahr ist, wenn nämlich eben große Männer wirklich vorhanden sind.

Dieser Eigendünkel und die damit zusammenhängende Geistesverwirrung schien durch nichts mehr gesteigert werden zu können, und doch geschah es von einer entgegengesetzten Seite, und zwar durch einen Wissenszweig, der für jeden Deutschen höchst interessant wäre, und für den er sich den Urhebern zu wahrem Danke verpflichtet fühlen muß, nur daß die eingerissene Übertreibung und Nachbeterei auch hier dem an sich Erfreulichen den Samen des Schädlichen beizumischen verstand. Ich meine die deutsche Sprach- und Altertumswissenschaft. Es fand sich auf einmal, daß die deutsche Nation eine urpoetische sei, obgleich die aufgefundenen Gedichte, mit Ausnahme des rätselhaften Nibelungenliedes, den fremden Ursprung eingeständlich und offen an der Stirn trugen. Man postulierte antediluvianische, mastodontisch-ichthyosaurische Volksepen oder doch Fragmente derselben, die nur ein mittelhochdeutscher Pedant zusammengesetzt und so das Außerordentliche auf mechanischem Wege hervorgebracht hatte. Die Volkslieder, die niemand gemacht hatte, wurden der rohen Masse in die Schuhe geschoben, und man bedurfte von nun an nur das Volk und ein paar Pedanten, um jede poetische Begabung überflüssig zu machen.

Es teilten sich demzufolge die Dichter in mehrere Richtungen. Die Ideendichter, die irgend einem halb verrückten Satze einen ganz ausgerenkten und verkrüppelten Körper anzupassen strebten; die Altertümelnden und Volkstondichter, und endlich die Dichter des Wirklichwahren, die nämlich ihre eigenen lumpigen Zustände für so bedeutend hielten, daß sie dieselben von Mund auf in den Himmel der Poesie einzubürgern hofften.

Ich habe früher von der Talentlosigkeit unserer Zeit gesprochen. Damit meinte ich keinen gänzlichen Abgang des Talentes. Eine solche Zeit war nie und wird nie sein. Es gibt aber auch eine Talentlosigkeit, die dadurch entsteht, daß man sich Aufgaben stellt, zu deren Ausführung die Kräfte bei weitem nicht zureichen, und endlich noch eine andere durch die Befolgung ganz falscher Grundsätze. Die richtigen Grundsätze, oder mit andern Worten: die wahre Aesthetik, wenn es je eine solche gibt, ist ziemlich gleichgültig. Die richtigen Grundsätze sind mehr oder weniger unbewußt im Talente selbst enthalten, wie im gesunden Menschenverstande die Logik und in der Rechtschaffenheit die Moral. Wie man denn schon früher bemerkt und oft wiederholt hat, daß die großen Dichter da waren, ehe es eine Aesthetik gab. Wenn auf diese Art die wahre Aesthetik entbehrlich und für jeden Fall durch das Studium der großen Vorbilder zu ersetzen wäre, so ist dafür eine falsche Aesthetik geradezu verderblich, indem sie in ihrer aus allen Fächern des Wissens zusammengestoppelten Rüstung der Waffenlosigkeit der Anschauung weit überlegen ist und, indem sie Worte und Begriffe gebraucht, die auf einem andern Felde Wert, ja Würde haben, die Produktion an sich selber irre macht und einem falschen Standpunkte zutreibt. Auf einem falschen Standpunkte aber erlahmt jedes Wirken.

In dieses traurige Geschäft, das in früherer Zeit die Kunstphilosophen betrieben, traten nun, infolge der gestiegenen Wertschätzung der Geschichte, die Kunsthistoriker ein. Mitunter ganz gescheite, ohnehin höchst unterrichtete Leute, hatten sie nur *einen* Fehler, den nämlich, daß sie von ihrem Gegenstande nichts verstanden, daß sie gar nicht wußten, was Poesie allenfalls sein dürfte. Außer dem lächerlichen Streben, die aufeinanderfolgenden Erscheinungen der Litteratur mit Notwendigkeit auseinander abzuleiten, war es ihnen hauptsächlich um die Fällung eigener Kunsturteile zu thun, wobei sie den künstlerischen Standpunkt in *einem* fort mit dem kulturhistorischen vermischten und der Poesie Zwecke andichteten, die allerdings die höchsten Aufgaben der Prosa sind. Ein guter Bürger und tüchtiger Landmann muß man *sein*, und nicht mit der Phantasie sich auf den Standpunkt eines solchen versetzen. Die politische und bürgerliche Freiheit ist ein schönes Ding, aber die Wege dazu müssen mit dem Verstande erwogen und angebahnt werden, und nicht mit dem poetischen Hallo. *Exempla sunt odiosa.*

Aber soll denn die Litterargeschichte bloß Fakten geben und die Urteile ganz ausschließen? Keineswegs, sie soll sie geben; aber als Geschichte, historisch. Es ist interessant, zu wissen, wie die Mitlebenden über einen Dichter geurteilt haben, in welcher Geltung er bei der darauffolgenden Zeit gestanden, und wie die berufenen Geister heutzutage über ihn urteilen. Es ist interessant, zu wissen, daß die *Academia della Crusca* Tassos befreites Jerusalem verwarf, was den Verfasser veranlaßte, es umzuarbeiten, d.h. zu verschlechtern, so daß man später die Verbesserung wegwarf und das ursprünglich Verworfene bewundert. Es ist interessant, zu wissen, daß Shakespeare unmittelbar nach seinem Tode von Beaumont und Fletcher verdrängt wurde und er vergessen blieb, bis anderthalb Jahrhunderte später ein Schauspieler ihn wieder zu Ehren brachte. Selbsturteilen sollen nur Sachkundige, und das ist man nicht, wenn man weiß oder wohl auch lebhaft fühlt, daß Schiller und Goethe große Dichter sind und Lessing ein vortrefflicher Kopf war.

Wenn auf diese Art die Nachhilfe zum bessern Verständnis der Litteratur wegfällt, so ist der zweite Vorteil der Litterargeschichte, daß dadurch die Sommitäten der Litteratur aller Zeiten und Völker dem Lesepublikum bekannt werden, noch viel problematischer. Vielleicht waren die Dichter früherer Zeiten nur darum um so viel besser als die heutigen, weil sie, mit Ausnahme der Klassiker, die fremden Litteraturen gar nicht kannten. Ich spreche hier nicht von den Wissenschaften, sondern von der Poesie. Ein Dichter muß seine eigene Empfindung aussprechen, und das Publikum ihn ebenso mit der eigenen genießen. So lächerlich es ist, wenn man in eine vorgeschrittene und gewissermaßen fertige Litteratur die Nationalität hinterher einführen will, ebenso gewiß ist, daß nur jene Litteraturen Kraft und eigentliche Geistesfrische zeigen, die vom nationellen Standpunkte *angefangen* haben. Mit Abstraktion, d.h. von einem fremden Standpunkte aus, zu genießen, ist ein trauriges Vorrecht der Litteratoren selbst, traurig, weil sie an ihrer wahren Empfindung als Menschen häufig ebensoviel einbüßen, als sie an der Erweiterung ihrer Empfindungsfähigkeit als Litteratoren gewinnen. Es ist schon die Übersetzung fremder Dichter, besonders wenn ihre Formen sehr künstlich sind und man sie möglichst genau übersetzen will, ein halbes Unglück. Die in einer solchen Uebersetzung kaum zu vermeidenden verrenkten Redensarten und das daraus entstehende Wortgepolter erzeugen bei den der Originalsprache Unkundigen die Meinung, die Dichter selbst hätten sich auf eine so ungeschickte und verworrene Art ausgedrückt, was in der Nachahmung dieser Vorbilder die schauerlichsten Wirkungen hervorbringt. Vielleicht ist unsere poetische Sprache hauptsächlich durch solche wortgetreue Übersetzungen verdorben worden. Nun erst die Darstellungen, Inhaltsangaben und Lobpreisungen der Litterarhistoriker, die von dem, was für den Geschmack bestimmt ist, höchstens den Geruch geben.

Die traurigste Wirkung ist aber die auf das Publikum, für das man die Größen der Litteratur zum Gesprächsstoffe macht, und dem die ausgezeichneten Geister, zu deren Hervorbringung die Natur Jahrhunderte, ja Jahrtausende gebraucht hat, in die Nähe von Wandnachbarn gebracht werden, von welcher unmittelbaren Nähe sie denn allenfalls in der eigenen Beurteilung ihrer Zeitgenossen Gebrauch machen und meinen: das oder jenes hätte Shakespeare besser gemacht oder Aeschylus wahrscheinlich tiefer aufgefaßt.

In Deutschland ist der Wert des Publikums nie genug erkannt worden. Schiller und Goethe haben an kleinen Orten gelebt und daher den Eindruck dieser großartigen Erscheinung nie empfunden, weshalb sie auch von der unberufenen Menge abschätziger sprechen, als billig. Für seine Gedanken und Intentionen muß der Dichter selbst einstehen, ob er aber mit der Darstellung die allgemeine Menschennatur getroffen, kann er nur vom Publikum erfahren. Dieses ist nicht ein gesetzkundiger Richter, wohl aber eine Jury, die ihr Schuldig oder Nichtschuldig nach gesundem Menschenverstande und natürlicher Empfindung ausspricht. Was diese Natürlichkeit und Unbefangenheit stört, hebt den ganzen Wert des Publikums auf. Wenn Gefallen oder Nichtgefallen kein Grund mehr der Billigung oder Mißbilligung ist, wenn statt dem Zeugnis des eigenen Innern das Publikum nachgebetete Meinungen und fertige Phrasen in Bereitschaft hat, dann taumelt die Litteratur, Richter und Partei zugleich, schrankenlos jeder Uebertreibung und Abgeschmacktheit zu.

Uebrigens ist dieser Mißbrauch der Litterargeschichte keine vereinzelte Erscheinung, sondern fällt mit der Popularisierung der Wissenschaften, den physiologischen, odischen und metaphysisch-theologischen Briefen in unsern Zeitungsblättern, kurz zu sagen: mit jener Vielwisserei zusammen, die schon unter Voraussetzung einer wahren Bildung gefährlich, bei einer falschen aber geradezu verderblich ist.

Es wäre noch viel zu sagen, aber um Ihre Geduld, vor allem aber meine nicht noch auf eine härtere Probe zu setzen, will ich mit einer Bemerkung schließen.

Einer unserer geachtetsten Literarhistoriker meint: nachdem Goethe die deutsche Poesie auf den höchst denkbaren Standpunkt gebracht, sollten die deutschen Dichter nun fünfzig Jahre lang schweigen. Vielleicht wäre der Verlust dabei nicht groß. Aber der gelehrte Mann sollte aus seinem eigenen Beispiele merken, wie schwer es ist zu schweigen, selbst über Dinge, von denen man gar nichts versteht. Ich meinerseits möchte einen Gegenvorschlag machen. Wie, wenn sämtliche Kunstphilosophen, Kunstkritiker und Kunsthistoriker fünfzig Jahre lang das Maul hielten. Ich zweifle keinen Augenblick, daß das Talent, an dem es in Deutschland nie gefehlt hat, sich auf die erfreulichste Art wieder Bahn brechen würde.

**(1838.)**

Die gegenwärtige litterarische Epoche mag als Uebergangsperiode allerdings ihren Wert haben, gleichsam als Dünger einer künftigen Vegetation; wer aber den Dünger selbst schon für Rosen hält, ist doch ein hinlänglicher Narr.

**(1819.)**

Die langsame, schwerfällige Raupe der deutschen Litteratur hat sich entpuppt und ist ein bunter Tagfalter geworden, der lustig unter den grünenden glänzenden Blättern des Tages sein Wesen treibt. Aber die Sonne nähert sich schon dem Horizont und der Abend bricht herein.

**(1819.)**

Die neue Poesie und Philosophie gibt ihr Geld zu hundert Prozent in die Mississippibank auf Gewinn in einer neuen Welt; ich lege das meine lieber in die Bank von Old-England, nur zu fünf vom Hundert, aber sicher.

**(1819.)**

Die allwissenden Schlegels machen das *Plastische* in den Dichtungen der Alten von ihrer Religion abhängig und finden den Grund des Romantischen im Christentum; vielleicht thäten sie besser, diesen Unterschied in der *Meisterschaft* zu suchen. Man vergleiche die drei Heiden und Epopöen-Dichter: Homer, Virgil, Valerius Flaccus. Wie ist der erste durchaus objektiv, der zweite, bei gleichen Religionsgrundsätzen schon zu größerer Subjektivität sich hinneigend (Empfindungen gebend, wo er keine Charaktere und Anschauungen zu geben vermag). Die Argonautika des Valerius Flaccus könnte, ohne darum die einzelnen großen Schönheiten zu leugnen, ein gräcisierender neuerer Dichter geschrieben haben. So auch Apollonius Rhodius, obwohl der noch mehr eine Mitte hält und sich durch Starrheit der alten Gediegenheit zu nähern suchte. –

Daß das Christentum mit seinen Nebelbildern und schwankenden Umrissen die Ausbreitung der Romantik sehr befördert habe, ist übrigens nicht zu leugnen.

**(1819.)**

Die wunderliche Richtung des neuesten Kunstgeschmackes in Deutschland läßt sich sehr einfach erklären aus dem Zusammentreffen zweier Thatsachen: historische, ja analytisch-wissenschaftliche Kenntnis des vor uns gewesenen Vortrefflichen in der Kunst, verbunden mit eigener Impotenz. Die Tonangeber unter uns sind, was Jean Paul weibliche Genies nennt. Da fehlt es weder an Empfänglichkeit noch Liebe für das Schöne, aber an Kraft, es zu gestalten und außer sich hinzustellen. Da nun aber diese Kraftlosigkeit sich nicht leicht jemand selbst gesteht, so suchen sie den Grund des Nichtgelingens, statt in sich, immer in dem Abgang gewisser äußerer Bedingungen, die einmal dagewesen sein sollen und jetzt nicht mehr sind. Die Religion, meinen sie, habe die dramatischen Meisterwerke der Griechen und Spanier hervorgebracht, und gegenwärtig hat man keine Religion – folglich auch keine Meisterwerke. Ebendaher kommt der gegenwärtig vorwaltende Hang zum sogenannten Romantischen, zu jenem Ahnen, Sehnen und übersinnlichen Schauen, für das es in der Natur überall kein Gegenbild gibt. Alle großen Meister aller Zeiten von Shakespeare und Milton bis Goethe waren mehr oder weniger plastisch, weil eben dieses plastische, gesonderte Hinstellen mit scharfen Konturen, als das Schwerste in der Kunst, nur dem kräftigen Meister gelingt und deshalb auch seines Strebens Hauptziel ist. Die Formlosigkeit, welche ein

Hauptingrediens der sogenannten Romantik ist, war von jeher ein Zeichen eines schwachen, kränkelnden Geistes, der sich selbst und seinen Stoff zu beherrschen nicht vermag. – Was heißt denn eigentlich der Ausdruck: romantisch? Soll er auf jenen Charakter hindeuten, den die neuere Kunst durch das Christentum erhielt, das, den menschlichen Willen einem höhern unterordnend, die Versenkung des erstern in den letztern als höchstes Ziel des Strebens aufstellt und mit Vernichtung des Leiblichen, als eines von Anfang Schlimmen, ewig Vergeistigung predigt, so weiß ich nicht, wie man Shakespeare einen romantischen Dichter nennen kann. Oder zielt man damit – besonders im Dramatischen – auf die erweiterte Form, so macht man damit, ungerechnet alle Kunstgründe, die dagegen sprechen, die rohen Verfasser der geistlosen Moralitäten des Mittelalters zu Gründern einer neuen Kunstnorm im Gegensatz mit Aeschylus und Sophokles; denn daß Shakespeare und Calderon die Gattung, in der sie schrieben, nicht schufen, sondern nur veredelten durch die Bedeutung, die sie dem vorher Unbedeutenden gaben, zeigt ein flüchtiger Blick auf die Geschichte des Theaters vor ihnen. Dasselbe gilt von der Mischung des Ernsten und Komischen in den Werken dieser Meister. – Was folgt nun daraus? Daß die romantische Gattung schlecht und verwerflich sei? – Daß es keine Schubfächer gebe, folgt daraus, in denen man den menschlichen Geist und die Arten, in denen er erscheint, einschließen kann und registrieren wie eine Insektensammlung, daß, wenn auch das Zeitalter eines Dichters mit seinen Ansichten, als notwendiges Medium der Einwirkung der Natur auf sein Gemüt notwendig auf die Art dieser Einwirkung Einfluß nehmen muß, die Auffassung der Natur selbst und nicht das Medium die Hauptsache ist. Daß, da metaphysische und religiöse Ideen wandelbar sind, der Charakter des Schönen aber ein unwandelbarer, sich die Kunst, wenn sie letzteres abspiegeln will, auf etwas Festeres gründen müsse, als metaphysische und religiöse Ideen sind, auf den Menschen und die Natur nämlich; daß es zwar allerdings zulässig, ja – da es sich nicht um Porträtierung, sondern um Idealisierung der Natur handelt – unerläßlich sei, in das Sinnliche das Uebersinnliche hereinspielen zu lassen, daß es aber immer auf eine, mit der allgemeinen Menschennatur, mit dem allgemeinen Menschengefühl übereinstimmende Art geschehen müsse, die *subjektiv* wahr bleibt, wenn auch die geträumte, *objektive* Wahrheit längst verloren gegangen wäre, so daß also Meinungen, die immer da waren, die vermöge eines nicht zu deduzierenden Grundzuges der menschlichen Natur, auch immer da sein werden, ungeachtet ihres Schwankenden, für die Poesie brauchbarer sind, als sogenannte Wahrheiten, unangreifbar gelagert unter den Kanonen eines philosophischen oder Religionsystems. – Betrachtet den Calderon. Hundertmal hat er den katholischen *Aberglauben* gebraucht (der nichts ist, als ein maskierter heidnischer oder, kurzweg, menschlicher), kaum einmal den *Glauben*. Und doch erschüttert dieser Aberglaube im Gedicht Menschen, die ihn verachten in der Religion. Erklärt mir das, ihr alten Neudeutschen!

**(1819.)**

In diesen Bemühungen der Neudeutschen um urdeutsche Kunst und Poesie liegt trotz der offenbaren Lächerlichkeit derselben doch etwas Richtiges und Nützliches, das sich in der Folge, wenn die Ueberspanntheit nachläßt, die von jeder Neuerung unzertrennlich ist, wohl noch entwickeln wird. Leitet das Sumpfwasser ab und trampelt erst den Boden fest, dann komme wohl auch ich hin, darauf zu tanzen.

**(1819.)**

Der Aufforderung Fouqués[1] möchte ich so antworten: Ich verachte euer urdeutsches Wesen nicht, aber ich kann es nicht brauchen. Laßt erst die Nationalität den Deutschen aus dem Kopf in die Adern kommen und mit dem Blut umlaufen, gebt mir erst die Gewißheit, daß es bei ihnen nachklinge, wenn ich anklinge: dann sei ein deutscher Stoff mir willkommen, mehr als jeder andere. Ich beneide die Dichter, die nach uns kommen, um den schönen Vorzug, vaterländische Gegenstände würdig behandeln zu können, das heißt so, daß der ganze Zweck der Poesie erreicht werden könne (der dramatischen vornehmlich) und daher die Wirkung nicht bloß sich auf den

---

[1] In Fouqués Gedicht »An Grillparzer« (Wiener Zeitschrift, 25. Mai 1819 Nr. 62) lautet die vorletzte Strophe:
Doch auch ein Leid zu klagen,
Hast du mir angethan! –
Jetzt hofft' ich, würd' uns melden
Dein Lied von deutschen Helden, –
Da fleugst du Argonautenbahn!

gelehrt gebildeten Teil der Nation erstrecke, sondern auf die ganze Masse, und überhaupt nicht bloß auf den Kopf beschränkt sei, sondern ins Blut gehe. Solange es aber nicht so weit gekommen ist, will ich das Nationelle als solches den literarischen Wegmachern und Straßenräumern überlassen, und einstweilen auf der allgemein praktikabeln Heerstraße des Reinmenschlichen *in seinen durch jahrhundertlange Gewohnheit beglaubigten Formen* meine Zwecke verfolgen. – In wessen Munde glaubt ihr wohl, daß jetzt noch eine hochsinnige Rede mehr Wirkung selbst auf das gemeine Volk machen werde; in dem eines römischen Weltkonsuls oder eines engen Nürnberger Bürgermeisters?

**(1820.)**

Wohin die deutsche Poesie kommen muß, wenn sie auf dem Wege fortgeht, den sie in der neuesten Zeit eingeschlagen hat, zeigt am deutlichsten die Art, wie sich – mit der Billigung des ganzen gelehrten Deutschlands – Baron Malsburg in der Vorrede zu seiner Übersetzung Calderons über die Bedeutung des: Lebens ein Traum; dann Hagen in seiner: Bedeutung der Nibelungen für jetzt und immer, über dieses so schätzenswerte Gedicht äußern. Beider Ansichten sind vollkommen ägyptisch. Wer wird wohl das Symbolische aller Kunst leugnen? Aber sie zu einer Hieroglyphenschrift machen, deren an sich gleichgültige Gestalten erst durch das Herausfinden eines praktisch nutzbaren Gehaltes einen eigentlichen Wert bekommen, heißt alle Kunst aufheben und in die Poesie die Prosa zurückführen, die bei ihrem Tausch von ägyptischem Grübelgeist gegen den vormaligen französischen Leichtsinn kaum etwas gewonnen haben dürfte. Das seh' ich alles ein und grüble doch auch! »Ich muß es eben entgelten,« sagt Aurelie, »daß ich eine Deutsche bin. Es ist das Unglück der Deutschen, daß sie über allem schwer werden und alles über ihnen schwer wird.«

**(1820.)**

Das Hervorziehn altgermanischen Wesens und dessen Gegenüberstellung einem weit verfeinerten, aber auch mannigfach ausgearteten Zustande, das gegenwärtig die deutschen Schriftsteller so sehr beschäftigt, ist nichts Neues; schon Tacitus hat es getan. Aber der weise Römer suchte für seine Zeitgenossen in jener Schilderung biederer Roheit höchstens Arzenei für das Übermaß, indes unsere Neu-Altdeutschen darin Nachahmung für das Bedürfnis zu finden glauben.

**(1820.)**

Es ist eine traurige Zeit gekommen für die Dichter. Der enthusiastische Schwindel aller Art, der die Köpfe in Deutschland ergriffen hat, drängt alle, die den Narrentanz nicht mitmachen wollen, so sehr auf die Seite des kalten, sichtenden Verstandes, daß selbst die poetische Begeisterung dabei kaum emporkommen kann. Überhaupt hat jedes Extrem, auf das der menschliche Geist mit Parteiung gerät, schon das Schlimme, daß diejenigen, die den Unsinn jenes Strebens erkennen, statt die richtige Mitte zu halten, leicht in der Hitze des Streites sich dem entgegengesetzten Punkte nähern und so auch inkonsequent werden. Das ist die Geschichte aller menschlichen Streitigkeiten von jeher gewesen.

**(1820.)**

*Ich lese oft so unaufmerksam und vergesse leicht das Gelesene; um mich nun davor zu bewahren, will ich mir jedes Buch, wenn ich es gelesen habe, aufzeichnen, nebst dem was mir dabei ein- und aufgefallen ist.*

Leider muss ich den Anfang mit was Schlechtem machen. *Schellers Mythologie der nordischen Völker.*[2] Eine recht geistlose Kompilation. Am Schluß ein leeres Gedicht eines Freiherrn von Münchhausen, worin er in Deutschland die alten nordischen Götter wiederhergestellt wünscht. Eingefallen ist mir wieder dabei, daß diejenigen wohl herzlich wenig von Poesie verstehen mögen, die die nordischen Götter den griechischen zum Gebrauch für die Dichter unterschieben wollen. Ich wüßte nichts, was man mit diesen neblichten Urformen in der epischen und dramatischen Poesie machen sollte; im Lyrischen möchte man sich eher noch ihrer zuweilen bedienen können.

---

[2] 1816.

**(1820.)**

Die neuesten Deutschen haben keinen Sinn für Komposition, d.i. das Band der innern Notwendigkeit, wodurch die einzelnen willkürlichen Gestalten der Kunst zu einem organischen Ganzen, zu einer Kunstwelt verbunden werden. Komponieren kann man lernen von Raphael, Mozart und Calderon.

**(1822.)**

Warum ich Schriftsteller der vergangenen Zeit, wär' es auch der nächstvergangenen, denen aus den Zeitgenossen vorziehe, liegt auch mit darin: daß die Irrtümer jeder Vorzeit klar vor den Augen der Nachwelt daliegen und man sie mit historischem Auge betrachtet, ohne dadurch affiziert zu werden; die Gegenwart aber heftet sich mit so vielen Fäden an uns, daß selbst schon die Gewalt, die man anwendet, sich von ihren Irrtümern loszureißen, ein *Zuviel* von der andern Seite hervorbringen muß. – Es gibt keinen unparteiischen Beschauer seiner Zeit.

**(1822.)**

Dasjenige, was die neuere Welt von der ältern unterscheidet, ist vornehmlich das *Gefühl einer unbestimmten Sehnsucht*, das der erstern eigen ist und letzterer beinahe ganz unbekannt war. Die erste Quelle dieses Gefühls ist ein *Thätigkeitsbetrieb ohne Wirkungskreis*. Solange es noch einen *Staat* gab oder vielmehr ein *Volk*, hatten alle Fähigkeiten des Körpers und Geistes ihren Zweck, oder wenigstens ihre Richtung, und von Zeit zu Zeit eintretende, außerordentliche Vorfälle gaben auch der Begeisterung ein *sfogo*. Als der Verbrauch nach außen aufhörte, wendete sich die beste Thätigkeit nach innen. Wer aber einmal die Süßigkeit des Umgangs mit sich selbst genossen hat, kehrt nicht mehr zurück. Wie der selbst sich Befleckende zuletzt die Weiber flieht, flieht der sich selbst Beschauende die Welt. In seinem Innern ist er Herr und König. Alles fügt sich nach seinem Sinne, und selbst was sich nicht fügt, was ihm widersteht, ihn quält, ist doch wenigstens *sein* Gedanke, sein eigenes Werk. Auch *Selbstverdammung* ist noch immer süß; denn wird dadurch der Mensch als Verdammter erniedrigt, so ist ja doch der hochstehende Verdammende wieder er selbst. So lebt er in einer eigenen Welt, unwidersprochen, alles gebietend, alles nach eigenen Gesetzen denkend.

Dieses süße Schalten führt nun endlich zum eigentlichen, unmittelbar letzten Quell des Nebels: *dem Bedürfnis starker Eindrücke*. Mit einer unendlich erhöhten Reizbarkeit haben die sogenannten gemeinen Genüsse ihr Anziehendes verloren, und der Mensch findet zuletzt nichts mehr, was ihn befriedigt. Ohne Thatkraft voll Thatendurst; voll Reiz zum Genuß ohne Sinn dafür; voll Gedanken ohne Wollen: Das ist der Zustand eines solchen Menschen, einer solchen Zeit, daher jene Sehnsucht nach etwas *Unbestimmtem*, dem man zu viel Ehre anthut, wenn man es aufs Religiöse bezieht, da es eigentlich nichts ist als die Sehnsucht nach einem neuen *Reiz*, der im stande wäre, den Ueberreizten zu reizen. Die Deutschen applizieren sich alle zehn Jahre ein neues Zugpflaster und werden darin so lange fortfahren, bis sie ein äußeres praktisches Interesse bekommen haben, wie die Engländer, die von jener romantischen Sehnsucht am entferntesten geblieben sind, eben weil sie praktische Interessen haben. Daher weh jedem Volke, das sich mit der deutschen Litteratur befaßt. Sie wird ihre eigene verschlingen, und Fasler und Querköpfe werden die Frucht sein. Die deutsche Litteratur ist die des gegenwärtigen Jahrhunderts. Schon ist die englische davon angesteckt, die französische im Begriffe zu folgen. Die deutsche Litteratur entnervt. Für uns ist sie die beste, weil wir keine andere haben können; aber jeder Fremde soll sich davor hüten. Gebt aber nur den Deutschen rein praktisches Interesse, und sie werden nach außen und nach innen sein, was sie sollen und was sie können.

Aus Uhrmachern sind die Deutschen mathematische Instrumentenmacher geworden, welche die Instrumente machen, mit denen man Uhren macht, und wenn zuletzt die Uhrmacherkunst ganz verloren ist, wird niemand mehr wissen, wieviel die Zeit ist.

**(1836.)**

Diese neue deutsche Poesie mit ihren Theorien kommt mir vor wie eine Schuljugend, die, von ihrem Meister wegen Unartigkeit zur Rede gestellt, sich verantwortete: sie hätten neue Gesetze der Artigkeit erfunden, und nach diesen seien sie sehr gesittet.

Die Deutschen sind und waren eine *grüblerische* Nation. Aus diesem Gesichtspunkte läßt sich ihre ganze Kunst und Wissenschaft erklären.

Die Deutschen meinen, es sei überall mit einem *Wissen* gethan. Die Kunst beruht aber auf einem *Können*.

Inhalt! Inhalt! Was kann der Dichter für einen Inhalt geben, den ihm der denkende, fühlende Leser nicht überbietet? Aber die Form ist göttlich. Sie schließt ab wie die Natur, wie die Wirklichkeit. Ueber das wahrhaft Vorhandene geht kein Gesund-Organisierter hinaus. Durch die Form *beruhigt* die Kunst und ist allem Wissen überlegen.

**(1886.)**

Das ist das Unglück der Deutschen als Schriftsteller, daß keiner sich mit seiner eigenen Natur hervorwagt. Jeder glaubt, er müsse mehr sein, als er selbst.

**(1837.)**

Was die mittelalterliche oder romantische Poesie von der neuern unterscheidet und unterscheiden muß, ist das Pragmatische in dem Charakter der neuern Zeit. Die Poesie des sechzehnten und siebzehnten Jahrhunderts begnügt sich mit dem poetischen Was, dieses bildet sich möglichst vollständig und scharf aus, die Verbindungen und Vermittlungen erscheinen dabei Nebensache. Unsere Poesie kann sich der Nachweisung des *Wie* nicht entschlagen. Die Verknüpfung der Begebenheiten und Empfindungen macht sich vor diesen selbst geltend, und wo ein Sprung gewagt werden soll, muß der Dichter den Beschauer mit Gewalt fortreißen, von selbst überschreitet er keine Lücke.

**(1838.)**

Charakter der neuesten deutschen Poesie: das Phantasielose und das *Gemachte*.

Gegen was sie sich in Deutschland am meisten verwahren, sind die *Gemüts*wirkungen.

**(1837.)**

Ein *Werk* nenne ich eine Hervorbringung, die so viel inneres Leben oder innere Wahrheit hat, um wenigstens mehrere der wandelbaren Gefühls- und Meinungsphasen der Zeit zu überdauern. Was aus einer Zeitrichtung entsteht und mit ihr untergeht, ist nur *Flugschrift*, und wenn es dreißig Bände stark wäre.

**(1838.)**

Die Deutschen haben die Poesie mit der ganzen Prosa angestückelt und freuen sich sehr über die Erweiterung des Gebietes.

**(1841?)**

Hauptfälle, wo sich in neuerer Zeit das ästhetische Interesse in praktischen Dingen vordrängt:

Religiosität, gegenüber der wirklichen Gleichgültigkeit gegen allen Kultus.

Nationalität, indes in der Wirklichkeit die Verschiedenheiten zwischen den Völkern sich immer mehr abschleifen.

Republikanismus der Gedanken bei vorherrschendem Streben nach Ruhe, die nur die stabile Gewalt sichern kann.

**(1842.)**

Eines der größten Uebel der deutschen Litteratur ist, daß niemand bei seinem Fache bleibt. Jeder sucht seine Grenzen auszudehnen, so weit als möglich. Jeder walkt seinen Teig nach Leibeskräften, und indem er nach den Enden zu immer ausgedehnter wird, wird er immer dünner in der Mitte, bis er endlich reißt und die Lücken im Innern entstehen, die man nach außen vermeiden wollte. Was man von einer allseitigen Bildung sagt, ist ganz gut; aber eine allseitige Thätigkeit gibt es nicht.

Freilich hat gerade diese Vermischung der Fächer in neuester Zeit der deutschen Litteratur großes Ansehen im Auslande verschafft. Wenn ein armer fremder Dichter ein neudeutsch poetisches Werk liest und ein Siderallicht von weltphilosophischen, welthistorischen, psychologischen, politischen, magischen, artistischen Halbheiten ihm entgegenstrahlt, muß er freilich verblüfft werden und mit der Natur zürnen, die ihn zu nichts als zum Dichter gemacht hat; wie anderseits der Gelehrte, der den festen Boden seiner Wissenschaft verschwinden und sich in die hängenden Gärten des Idealismus versetzt sieht, wo statt der Distel des Begriffes die Blume der Inspiration wuchert und es keine Schlösser gibt, sondern nur Schlüssel; ein solcher wird gleichmäßig die Stirn auf die Erde schlagen und ausrufen: Herr, ich bin nicht würdig.

**(1846.)**

Der Deutsche hat vor nichts Respekt, als was er nicht versteht. Nun hat er wohl insofern recht, daß das Höchste, Letzte allerdings bis auf einen gewissen Grad unverständlich sein muß; aber deshalb annehmen, daß alles Unverständliche auch hoch oder tief sein müsse, ist viel schlimmer, als den Verstand als letztes Maß aller Dinge annehmen.

**(1846.)**

Ich kann das für keine Poesie halten, wozu die *parties honteuses* der Menschheit, Widerspruchsgeist, Reiz des Verbotenen, Pöbelbeifall und Modeton den Wärmestoff hergeben. Die Frühlingsdichter unserer Tage gemahnen mich an die Dienstmägde und Bauerndirnen, die von nichts zu reden wissen, aber beinahe witzig und graziös werden, wenn verdeckte Zweideutigkeiten ins Spiel kommen.

Deutschland hat angefangen, sich auf das praktische Interesse zu werfen. Es ist mit der Kunst nichts mehr anzufangen, sie fängt an, nachdem sie theoretisch geworden, didaktisch werden zu wollen, und das war immer ihr, wenigstens momentaner, Untergang.

Deutschland hat sich mit Phantasie den Magen überladen und möchte nun die Einfalt als diätetische Kur brauchen. Wir haben Philosophie und Religion zur Poesie gemacht und möchten nun dafür aus der Poesie Philosophie und Religion machen.

Das Streben nach Realität in der Kunst, die Religionsschwärmereien und die politischen Umtriebe entspringen aus einer Quelle, dem erwachten Sinn, der aber noch nicht weiß, woran er sich halten und wie weit er gehen soll.

Die Leiden der letzten Zeit haben die Deutschen ins Leben gezogen und jenen Sinn fürs Praktische geweckt. Seit den Reformationskriegen war es das erste Mal, daß den Deutschen eine herrschende Idee ward, deren Realisierung zugleich Bedürfnis war.

Ich tadle dieses Streben der Deutschen nicht; es kann vielleicht zum besten Ziele führen und Nationalität begründen, die auf einem andern Wege nicht möglich ist. Aber die Kunst muß darüber auf einige Zeit verschwinden, und ich beklage daher bloß die Künstler. Jene aber, die das nicht einsehen und, indem sie dem Anpochen der Zeit nachtönen, glauben, Kunstwerke hervorgebracht zu haben, und zwar um so mehr Kunstwerke, je mehr sie von der geglaubten Realität in sich haben: die sind mir als Künstler lächerlich.

Die Regenten merken nicht, daß, indem sie den Religionsenthusiasmus unterstützen, sie das ihnen drohende Feuer anfachen und die Stimmung nähren, die ihnen so gefährlich scheint.

**(1854-1855.)**

Die Schriftsteller fehlen gewöhnlich nach zwei Seiten: die einen sind so verliebt in ihre eigenen Gedanken, daß sie auf das Publikum gar keine Rücksicht nehmen. Ein großer Fehler; denn man denkt für sich, schreibt aber und läßt drucken oder aufführen für andere. Die zweite Klasse will nur dem Publikum gefallen. Da läßt sich denn schwer voraussehen, was dem Publikum jederzeit und überall gefallen wird, nebstdem, daß dieses Verfahren geradezu zur Gemeinheit führt. Das Wahre ist, die Moralregel des Christentums: was du nicht willst, daß dir ein anderer thue, das thue ihm auch nicht, geradezu auf die Poesie anzuwenden und sich beim Schreiben zu fragen: würde dir das gefallen, wenn es ein anderer schriebe?

**(1855.)**

In einem stimmt die Welt jetzt ziemlich überein, und sie müßte blinder sein, als die Blindheit selbst, wenn sie nicht einsähe: daß es unserer Zeit an Talenten und Charakteren fehlt. Selbst der früher so oft wiederholte und eigentlich aus der Sache selbst fließende Satz: daß die Revolutionen große Männer an den Tag bringen, hat unser Armutszeugnis besiegelt und unterschrieben. In ganz Europa war die Revolution und kein großer Mann hat sich gezeigt. Natürlich! Wo nichts ist, kann auch nichts erscheinen. Woher kommt also diese Dürftigkeit? Man kann es einen Zufall nennen, aber ein Zufall, der gleichzeitig sich in allen Ländern wiederholt, ist doch gar zu sehr allen Zusammenhang der Dinge verspottend. Ein Teil wird wohl immer Zufall bleiben: daß selbst nicht einzelne sich der allgemeinen Ansteckung entziehen konnten, aber die Entgeistigung der Massen als Grund der Ansteckung ist denn doch kein Zufall; um so mehr wenn sich Ursachen nachweisen lassen, die die Erscheinung halb oder ganz erklären.

Andere mögen in der immer zunehmenden Gewinn- und Genußsucht, im Egoismus, in der Uebertreibung des Handels- und Industriestrebens die Gründe für die soziale und politische Mattigkeit nachsuchen, mich interessiert die Litteratur und da sich unsere Zeit vor allem eine gebildete nennt, so dürfte die Litteratur als das Organ der Bildung am wenigsten ohne Einfluß sein und wohl gar einen großen Teil der Schuld tragen u.s.w.

*

## Nationallitteratur

**(1857.)**

Geschrei von Nationalität in Deutschland. Was man als Gebot ausspricht, hat man nicht. Völker, die Nationalität haben, sprechen nicht davon, Engländer, Spanier, Franzosen.

Nationalität ist bei den Völkern, was der Charakter bei den einzelnen. Bei dem Charakter zu unterscheiden, ob er gut oder schlecht sei. Der schlechte muß verbessert und so weit als möglich aufgegeben werden.

Die Logik, das Recht, die Moral, die Religion begehren von allen das nämliche. Bei zunehmender Bildung werden sich die Menschen daher immer ähnlicher.

Zugleich liegt es im Wesen der Bildung, sich jedes Vortreffliche möglichst anzueignen.

Die Nationalität in schärfster Ausprägung setzt daher einen Zustand der Roheit und Isolierung voraus.

**(1858.)**

Diese *produktive* Kritik, die (in der Kunst) vorausempfinden soll, was zur Bildung des Volkes notwendig sei. Da aber der Kritiker zugleich nicht weiß, ob das, was er für notwendig hält, sich auch durch die Mittel der Kunst machen läßt, so ist seine Vorausempfindung ein leeres Wahngebilde. Durch solche Anmaßungen suchen die Kritiker von Profession (Julian Schmidt, Geschichte der französischen Litteratur I, 189) ihr plebejisches Geschäft in den Adelsstand zu erheben.

Die Mühe dieser Kritik ist nichts als der Aerger des Verstandesmenschen, in dem Künstler eine Begabung anzuerkennen, von denen ihnen selbst jede Spur fehlt.

## (1860.)

Jedermann weiß (ich würde es sonst auch nicht wissen), daß der Deutsche an Geist, Gemüt, Fleiß, Humor, Witz alle andern Völker der Erde übertrifft. Wenn ich sage: jedermann weiß, so meine ich dabei nicht die andern Völker, wohl aber die Deutschen selbst, zu denen ich gehöre, und die für mich eben jedermann sind. Nur haben sie bei so vielen Vorzügen, wie sie selbst in ihrer Bescheidenheit zugeben, *einen* Fehler: sie sind nicht praktisch genug. So, um gleich meinem Gegenstande näher zu rücken, wissen ihre Kritiker, Kunstphilosophen und Kunsthistoriker so genau, was Poesie ist, sie beurteilen, klassifizieren, rubrizieren nicht allein das Vergangene und Gegenwärtige, sondern bestimmen sogar das Künftige, daß man sich nicht genug wundern kann, wenn sie die Anwendung ihrer erhabenen Lehren andern überlassen u.s.w.

## (1861.)

Die Deutschen haben bei der kritischen Beurteilung dichterischer Werke eine widerwärtige, weil völlig geistlose Gewohnheit. Erstens legen sie immer einen ungeheuren Maßstab an. Sie sagen nicht: dieser Mensch ist groß, denn er hat fünf Schuh, fünf Zoll, sondern er ist klein, denn er hat weniger als eine Klafter. Wer aber die Größe überall als Forderung anbringt, zeigt nur, daß er ihr Wesen und ihre Würde nicht erkannt hat, die beide durch die *Seltenheit* des Großen bedingt sind. Was dieses Verfahren aber außer dem Widerwärtigen auch völlig geistlos macht, ist, daß sie die Idee, die ihnen den Maßstab der Beurteilung abgeben muß, nicht aus sich selbst, nicht aus ihrem eigenen Denken und Empfinden nehmen, sondern anders

woher, aus einem Buche, aus einem Mode gewordenen Zeitgeschwätz, so daß ihnen von dem riesenhaften Grundsatze nichts
gehört, als die Abgeschmacktheit der Anwendung. Sie sollten doch
bedenken, daß der Verfasser des beurteilten Werkes, das von ihnen
gelesene Buch auch gelesen; daß er das moderne Zeitgeschwätz
auch vernommen hat, so daß, wenn er Lust gehabt, er leicht ebenso
weise und gigantisch hätte sein können, als sie sich selbst vorkommen.

**(1863.)**

Die neueren Deutschen treiben ihre gelehrten Wunderlichkeiten,
ohne sich um die möglichen praktischen Folgen viel zu kümmern.
Damit wagen sie bei ihren Landsleuten nicht viel, da diese nicht so
schnell bereit sind, ihre Meinungen oder (s.v.v.) Überzeugungen ins
Werk zu setzen. Kommen aber derlei Schlagworte an Völker, die bei
weniger Denkkraft mehr Neigung haben, ihre Entschlüsse praktisch
zu machen, oder bemächtigt sich ihrer gar die Schurkerei als will-
kommener Vorwand für eigene Unternehmungen, so entstehen
daraus Verwirrungen, ja Kalamitäten, unter denen gerade wir Oe-
streicher am meisten zu leiden haben.

Diese neudeutschen Fortschrittsphrasen nun sind: Nationalität,
Sprachenabgötterei und übertriebene Wertschätzung der Geschichte.

Ich nehme jedermann zum Zeugen, ob nicht die Deutschen, als
nach den Befreiungskriegen sich ein maßloser politischer Eigendünkel ihrer bemächtigt hatte, zuerst das Wort Nationalität in die
Welt geschleudert haben.

**(1817.)**

Um die menschliche Natur recht bewundern zu lernen, muß man
sie auf einem Abwege sehen. Mich haben Calderon und Shakespeare, wo er ausschweift, immer in ein viel größeres Staunen versetzt, als die vollkommensten Hervorbringungen der Griechen.

**(1822.)**

Fehler, an deren entgegengesetzten Extremen wir uns selbst zu
laborieren bewußt sind, kommen uns leicht wie Vorzüge vor. Das

sollten die unbedingten Bewunderer Shakespeares und der Alten überhaupt nicht vergessen.

**(1828.)**

Wir sind alle verdorben, wir neuern deutschen Dichter, durch unser ewiges Lesen der ältern, der fremden. Wir wissen kaum mehr, wie sich die Empfindung bei unsern Zeitgenossen äußert. Wir lassen sie (die Empfindung) Sprünge machen, wie sie sie heutzutage nicht mehr macht. Wir empfinden mit Abstraktion. Daher weiß sich das Publikum im Theater nicht mehr zurechtzufinden, und nur Stümperwerke oder die unbewußten Versuche der Anfänger gefallen. Hier nämlich kann das Publikum folgen, indes die sogenannten Meisterwerke sich ihm wie Rechenexempel darstellen. Schiller war der letzte populäre, eigentliche Dichter, und selbst der Wortüberfluß, den ihm der lesende Kritiker zum Vorwurf macht, ist für den Zuseher die vermittelnde Brücke, mittels der er die Höhen der schwierigsten Situationen und Charakteräußerungen, Schritt für Schritt ohne Anstrengung erklimmt. Shakespeare hat uns Neuern alle verdorben.

**(1822.)**

Von den weiblichen Dichtern kann man wohl im allgemeinen sagen, was Plutarch (*de virtutibus mulierum*) von der Dichterin Telesilla sagt: θαυμαζεσθαι δια ποιητιχην υπο των γυναιχων. Ich habe wenigstens (aus den Fragmenten der Sappho läßt sich kein ganzes Urteil fällen) nie an ihren Werken Gefallen finden können.

**Nachteile der Uebersetzungen.**

**(1834.)**

1. Ein *Dichter* läßt sich nicht übersetzen.

2. Sie werden uns zu nahe gerückt. a) Wir vergessen die Zeit- und Länder-Zwischenräume, welche die großen Geister voneinander trennen und spannen die Forderung an die Gegenwart zu hoch.

b) Wir vergessen, daß die Denk- und Empfindungsweise des Autors die einer fremden Zeit und eines fremden Volkes sind, nehmen sie als unsere an und verlieren dadurch die richtige Empfindung der Gegenwart.

3. Verderbnis der Form durch zu genaue Uebersetzung.

# 3. Studien zur lateinischen Litteratur.

## Plautus.

(1853.)

Wenn wir mit Recht Plautus hochsetzen, Horaz aber geringschätzig von ihm spricht, so läßt sich das sehr gut so vereinigen, daß Horaz wahrscheinlich die griechischen Originale kannte, nach denen Plautus arbeitete, und fand, daß dieser sie häufig ins Plumpe herabgezogen hatte, indes wir, denen die Originale verloren gegangen sind, den ganzen Inhalt jener Stücke dem Plautus zu gute schreiben. Wirklich steht auch die Unbehilflichkeit der Prologe und fast aller Stellen, wo etwas erzählt wird, beim Plautus in einem schreienden Widerspruche mit dem häufig vortrefflichen Dialoge.

In der wunderlicherweise punisch gegebenen Anrufung Hannos an die Götter im Pönulus des Plautus ist, besonders gegen den Schluß, etwas Jüdisch-Hebräisches.

*

## Terentius.

(1856.)

Kann ich nicht genug Lateinisch, oder sind die Exemplare des Terentius so mangelhaft, vieles verstehe ich in diesen Komödien nicht. Aus dem Sinn erraten kann ich es so gut als die Kommentatoren, daß aber das römische Volk so gewandt gewesen sein sollte, um derlei dunkle Andeutungen im Vorüberrollen der Rede zu verstehen, bleibt mir immer rätselhaft.

*

# Lucretius.

## (1849.)

Als ein Beispiel der Ton-Nachahmung jene zwei Verse des Lukrez *V, v. 1219* und 20:

> Fulminis horribili eum plaga torrida tellus
> Contremit, et magnum percurrunt murmura coelum.

Die *i* blitzen, das *a* in *plaga* schlägt ein und die *u* donnern.

## (1859.)

Halb komisch ist es, wenn Lucretius, nachdem er die drei Bestandteile der Seele: den Hauch, er nennt es auch Wind (*aura*), die Luft und Wärme, angegeben hat und ganz richtig meint, daß durch diese die Empfindung nicht erklärt werde, noch einen vierten hinzufügt, der nicht einmal einen Namen habe, und von dem er auch nichts weiß, als daß er aus den feinsten Teilen bestehe. In diesem vierten Teile nämlich besteht die ganze Schwierigkeit, und wenn man von ihm nichts weiß, so bleibt das Ganze unerklärt.

*

# Virgilius.

## (1848-1849.)

Virgil sagt etwas Gutes über den Instinkt der Tiere, namentlich ihr Vorausempfinden der Witterung, Er meint, ihr Inneres sei aus einem gröberen Stoffe, als das der Menschen, daher es von der größeren oder geringeren Dichtigkeit der Luft unmittelbarer berührt und verändert wird. *Georgica* I, 417.

## (1861.)

Das Schönste in der Aeneide ist, wenn Aeneas in die Unterwelt kommt, dort den Schatten der Dido trifft, sie anspricht und sich entschuldigt. Sie aber antwortet ihm nicht, kehrt sich um und geht zu ihrem Mann Sichäus.

*

## Horatius.

**(1834.)**

Auf welchen Umstand spielt jene Stelle beim Horaz an: *Ac veluti te Judaei cogemus in hanc concedere terram?*[3]

Die gewöhnliche Erklärung, daß die Bekehrungssucht der Juden damit gemeint sei, ist falsch. Die Juden waren nicht bekehrungssüchtig, vielmehr betrachteten sie ihre Religion als ein Nationalgut, das sie gar nicht Lust hatten, andern mitzuteilen. Die Christen träfe es wohl, aber Horaz starb vor Christi Geburt.

Zusammengehalten mit dem sprichwörtlich gewordenen *Credat Judaeus Apella* der nächsten Satire scheint es zu beweisen, daß schon damals jüdische Rabbiner oder sonstige Gelehrte in Rom auf ihre Religion aufmerksam gemacht und damit teilweise nicht geringen Beifall gefunden hatten. Ein Umstand, der auf die Erscheinung des Messias gerade in jener Zeit und auf die spätere schnelle Verbreitung des Christentums nicht ohne Einfluß gewesen sein dürfte.

Bald darauf in der 9. Satire des 1. Buches *[v 69. 70.] hodie tricesima sabbata: vin tu Curtis Judaeis oppedere?*

## Ovidius.

**(1848.)**

Merkwürdig, daß Ovid aller Dichter seiner Zeit gedenkt, nur Horazens nicht. Sollte das Aehnliche in ihrer Natur eine Art, soll ich sagen Handwerksneid? zwischen sie gesetzt haben? Ein Früher oder Später kann in ihren Werken nicht stattgefunden haben, da beide von Virgils Aeneis als einem vollendeten Gedichte sprechen.

*

---

[3] Satiren I, 4. 147 f.

## Lucanus.

**(1822.)**

Bis zu einem lächerlicheren Grad des Unsinns ist die Schmeichelei wohl noch nie getrieben worden, als in der Anrede Lukans an den Nero. Freilich mußte das Lob dem Geschmack des Gelobten angepaßt werden, auch war Nero bekanntlich auf Lukans Dichtertalent eifersüchtig, und konnte wohl nur auf solche Art bewogen werden, ihm sein Gedicht zu verzeihen.

Wie miserabel Cäsars Uebergang über den Rubikon! Sehr gut dagegen die Stimmung des Volks in Ariminum; wie sie bei Nacht zagen, zugleich aber mit dem Tage die Zuversicht erwacht.

Herrlich ist beim Lukan die Beschreibung der Wunderzeichen im ersten Buch. Wie mager ist er in der Komposition und wie reich, wenn er ausschmückt!

\*

## Cicero

**(1834.)**

Wenn man gewöhnlich als ein Zeichen der Barbarei des Altertums anführt, daß sie den Fremden *hostis* (Feind) genannt hätten, so meint dagegen Cicero, *De officiis I, 12,* es sei ein Zeichen der Milde, daß man den Feind *(perduellis)* mit dem Namen: Fremder *(hostis)* belegt. – Obwohl das etwas gezwungen scheint.

**(1884.)**

Der berüchtigte Brief des Cicero an den Luccejus, in dem er ihn bittet, die Geschichte seines Konsulats zu schreiben, ist, obwohl eitel und selbstgefällig genug, doch nicht gar so arg, als man ihn gewöhnlich betrachtet. Es ist offenbar ein guter Teil schriftstellerische Selbstobjektivierung darin. Cicero hatte sich das dem Luccejus zugemutete Werk schon selbst künstlerisch zusammengedacht, und vergaß im Eifer der Komposition gewiß manchmal darauf, daß er selbst der Held der Darstellung sei, obgleich es ihm bei genauerer

Besinnung freilich sehr lieb sein mochte, dieser Held wirklich selber zu sein. Dann schien ihm seine Befreiung Roms so gut, so heilvoll. Ungemischte Eitelkeit hatte sich doch nicht gar so bloß gegeben. Er war eigentlich in seine That verliebt, und nur nebenbei in sein Selbst.

Viel widerlicher dagegen ist mir die unmittelbar darauffolgende *pulcherrima epistola* an denselben Luccejus, wo er sich unter den obwaltenden Widerwärtigkeiten im Vergleich mit seinem Freunde einen größern Starkmut zuschreibt, da Luccejus noch immer auf einen besseren Zustand der Republik hoffe, indes er selbst aushalte, ohne etwas zu hoffen. Der gute Mann, der nicht einsah, daß diese Ruhe die Frucht seiner charakterlosen Versatilität war, und daß einem Republikaner, der in der Republik verzweifelt, zukommt zu sterben, aber nicht ruhig zu sein! Dann ist eben dieses Aufgeben aller Hoffnung die eigentliche Mutlosigkeit. Der Mut hofft immer, weil er sich einer Kraft bewußt ist.

**(1848.)**

Das I. Kapitel des III. Buches *ad Herennium* scheint darzuthun, daß die Schrift *nicht* von Cicero ist. Der Verfasser spricht da im Tone eines Lehrers *ex professo* zu seinen Schülern und zwar des Aelteren zu dem Jüngern, so daß auch der Ausweg, daß Cicero sie in seiner Jugend verfaßt habe, abgeschnitten wird.

Warum sollte nicht der gemeinschaftliche Lehrer des Cicero und des Herennius sie verfaßt haben, wer es nun immer auch gewesen sein möge.

**(1858-1859.)**

Ciceros Briefe an Atticus vor und nach der pompejanischen Niederlage sind wirklich unerträglich. Bei aller Kleinmütigkeit immer etwas thun zu wollen, was das Aussehen der Starkmütigkeit (*fortiter factum*) hätte. Alles, was er augenblicklich gethan hätte, war gleich gut: ob er zum Pompejus ging, oder in Italien blieb, oder am besten sich an einen neutralen Ort begab, aber indem er den Augenblick versäumte, geriet alles gleich.

Solche Charaktere müssen der ersten Eingebung folgen; bei langer Ueberlegung wählen sie immer das Ungeschickteste. Seit der

Unterdrückung der catilinarischen Verschwörung kam etwas Gemachtes in Ciceros Natur und so hat er denn herumgetaumelt, seiner selbst unwürdig.

Sollte unter den Gründen, warum er dem Pompejus folgen wollte, außer der Dankbarkeit (von der er selbst gesteht, daß sie nur sehr mangelhaft begründet war) und vor allem der zu bewahrenden *amplitudo*, nicht auch der Umstand gewesen sein, daß er ihm, dem Pompejus, Geld geliehen hatte?

Endlich ganz läppisch wird Cicero mit dem Grabmal seiner Tulliola, die keiner von beiden Männern mochte, denen er sie hintereinander ziemlich unbedacht vermählte, da sie beide Lumpe waren. Auch nachdem er selbst sich von seinem Hauskreuz Terentia geschieden hatte, heiratet er schon im vorgerückten Alter eine Jungfrau, von der er aber nicht will, daß sie zu ihm komme, obwohl sie ihn darum bat; das ist nun freilich viel Unsinn, worüber ich ihn aber nicht tadeln kann, da ich selbst nicht viel besser bin. Er war eben eine ästhetische Natur, die nicht leicht wieder ins Gleichgewicht kommen, wenn sie es einmal verloren haben.

(1859.)

Es ist viel von Ciceros Eitelkeit die Rede, die sich wohl auch nicht ableugnen läßt. Aber seine thatkräftig und erfolgreich ausgeführte Unterdrückung von Catilinas Verschwörung setzte den an die Studierstube und die Rednerbühne gewohnten Mann gewissermaßen in Erstaunen über sich selbst. Die That wurde ihm rein objektiv und er bewunderte sie wie die eines andern. Zugleich darf man nicht vergessen, daß sie von allen Seiten angefochten, verkleinert, ja von einer mächtigen Partei, nur zu erfolgreich, ihm zum Verbrechen gemacht wurde. Hierher gehört der, als kindischeitel bezeichnete Brief an den Geschichtschreiber Luccejus. Cicero wollte nicht nur schon bei seinen Lebzeiten berühmt, er wollte auch bürgerlich sicher und staatsmännisch unangefochten sein. Wenn er ihm sagt, er solle bei der Erzählung von Ciceros Konsulat im Loben die Grenzen der Wahrheit überschreiten, so ist das offenbar ein Scherz, denn so schreibt niemand, der kein Dummkopf ist, an einen anderen im Ernst.

*

## Livius.

### (1846.)

Man lobt den Stil des Livius über alle Maßen. Ueber die Vortrefflichkeit dieses Schriftstellers bin ich mit der ganzen Welt einverstanden; sein Stil aber, verglichen mit dem Stil Cäsars oder selbst Ciceros, ist nicht frei von Affektation.

*

## Seneca.

### (1856.)

Die Erzählung von der Begnadigung des Cinna in der Abhandlung des Seneca *de clementia* ist so dramatisch vortrefflich, daß wenn die unter Senecas Namen gehenden Tragödien wirklich denselben Verfasser haben, man nicht begreift, wie sie nicht unendlich besser geraten sind.

### (1857.)

Es ist merkwürdig, daß Seneca, der eifrige Stoiker in seinen Briefen an den Lucilius zum Schluß, mit voller Billigung immer einen Spruch des Epikur hinzugefügt. Epikur scheint eben ein gescheiter Mensch gewesen zu sein, dessen *voluptas* mit Kants Glückseligkeit unter Bedingung der Sittlichkeit eine große Aehnlichkeit hatte.

### (1858.)

Es sind mehrere Zeichen, daß die Tragödien des Seneca gar nie zur Aufführung bestimmt waren: z. B. wenn Theseus die zerstreuten Glieder seines Sohnes Hippolytus aufsucht und zusammenstellt; wo im Oedipus das Stieropfer als gegenwärtig stattfindend vorgestellt wird. Alles Gründe zu glauben, daß ein in Deklamationen starker Philosoph sie in müßigen Stunden zu eigener Unterhaltung zusammengestellt hat.

**(1859.)**

In der *Consolatio ad Helviam* wird Seneca, nachdem er früher nach Gewohnheit seine übertriebenen und steifen Argumente vorgebracht hat, warm und wahr, wenn er auf seine Familie zu sprechen kommt.

Die *Consolatio ad Marciam* ist sehr gut, namentlich der erhabene Schluß, und dieser, ich bin überzeugt, hat sie getröstet.

Ob die *Consolatio ad Polybiam* von Seneca ist? Ein paar Stellen, die ich nicht wieder finden kann, haben allerdings nicht die geschlossene Form, die man an Seneca gewohnt ist. Was den Inhalt betrifft, so war Seneca seiner Verbannung in Corsica wohl herzlich müde. Wenn er darin seinen Grundsätzen untreu wird, so war die Schrift, wie es scheint, an einen zwar litterarisch gebildeten, aber eiteln und oberflächlichen Mann gerichtet, dem er zu Munde reden wollte, um durch ihn wieder eingesetzt zu werden, ja das Ganze sollte wohl dem Kaiser selbst gezeigt werden. Daher die Schmeicheleien für diesen letztern, die etwas von ihrer Unverschämtheit verlieren, wenn man bedenkt, daß auf einen wahnsinnigen Caligula ein von vornherein wenigstens gutmütiger Charakter, wie der des Claudius, allerdings wie ein rettender Genius erscheinen mußte. Daß dadurch die Meinung von Seneca bedeutend geschwächt wird, mag nur denjenigen wundern, der in den stoischen Uebertreibungen seiner übrigen Schriften nicht mehr die Studierstube als das Leben des Hof- und Staatsmannes erkannt hat.

Die Franzosen haben ihre Prosa wohl vorzüglich nach den Lateinern gebildet und darunter dürfte Seneca wohl obenan stehen. Die Engländer nähern sich mehr den Griechen, schon darum, weil sie mehr überzeugen, als blenden.

# 4. Studien zur italienischen Litteratur.

## Dante.

**(1845–1846)**

Mir ist auf der Welt nichts zuwiderer, als die weithergeholten Deutungen dichterischer Werke. Ein guter Dichter ist im stande zu sagen, was er will; und was er mit Absicht verbirgt, soll man nicht gewaltsam hervorziehen, am wenigsten aber als Hauptsache in den Vordergrund stellen. Die Poesie ist eben die Gestaltung des Gedankens. Der Gedanke geht zwar immer über die Gestalt hinaus, aber das Nächstliegende, Natürlichste ist immer das Wahrste. Ich dehne das sogar bis auf Dante aus, dessen *Inferno* mich entzückt, wie alle Welt, dessen *Purgatorio*, vor allem aber sein *Paradiso*, mir immer Langeweile gemacht hat.

Da soll denn alles allegorisch sein, indes doch das meiste nur bildlich ist.

Das Ganze ist eine Vision, in der alles Gesehene als wirklich angenommen wird. Weder bei den Erscheinungen in der Hölle, in Fegefeuer und Himmel ist etwas anderes zu denken, als was gesagt wird. Virgil ist der Schatten des wirklichen Dichters Virgil, Dantes Muster und Vorbild, höchstens dem Volksglauben gemäß mit einer kleinen Beimischung von Zauberer: Beatrice ist die wirkliche Beatrice, nur, seit sie, neun Jahre alt, gestorben ist, gewachsen in Reinheit und Frömmigkeit, so daß sie als ein bevorzugtes Muster aller Tugend gelten kann.

Selbst die Tiere zum Anfang sind, wenn einmal das Ganze eine Wanderung darstellt, eben milde Tiere, wie sie einem Wanderer in einem einsamen Walde wohl begegnen. Es ist von ihnen nichts gesagt, was diesem wirklichen Tiercharakter nicht entspräche, und wenn man statt ihrer etwas anderes dächte, etwas hinzufügte oder wegließe, so wäre das Bildliche des Ganzen zerstört. Daß Dante selbst etwas anderes dabei dachte, ist wohl kein Zweifel, aber schon daß man nicht merkt, was, nimmt der Allegorie ihren Stachel. Letzteres geht wohl zu weit, aber am Ende könnte man jedes Bild zu einer Allegorie stempeln.

**(1845.)**

Merkwürdig, daß Dantes Gleichnisse fast nie von leblosen Dingen, sondern immer von menschlichen Handlungen und Zuständen hergenommen sind.

**(1846.)**

Mit welch kindlicher Achtung Dante die alten Götter, die Götter Homers und Virgils betrachtet! Milton macht geradezu Teufel aus ihnen.

**(1846.)**

Scheint es doch fast, als ob Dante sich selbst der Vorliebe für die Tafelfreuden anklagte, wenn im 24. Gesang des Fegfeuers Forese ihn fragt: Wann werden wir uns wiedersehn?

Dantes großes Wiegenlied, mit dem er seine Leidenschaften und das Gefühl seines Unglückes einschläferte. In der Hölle ist sein Haß, im Fegfeuer seine Sehnsucht und im Paradiese seine Resignation. Das Metaphysische und Unkörperliche der letzten Abteilung drückt nur symbolisch aus, daß ihm kein anderer Trost mehr geblieben war, als die Studien, an deren Spitze freilich nach damaliger Art die scholastische Theologie stand.

*

# Macchiavelli

**(1820.)**

*Gelesen.* Die Mandragola von Macchiavelli. Wahrhaftig ein Meisterwerk. In der Anlage und Führung der Charaktere, im Gang der Intrigue erkennt man den Auffassungsgeist und die Verstandesschärfe des Verfassers des *Principe*. Diese übermächtig gewordene sinnliche Begierde im Callimaco im Kampfe mit seinem bessern Gemüt, wie er sich selbst gewaltsam anreizen muß zu dem, was er für unrecht erkennt. Der Monolog zu Anfang des 2. Akts herrlich. Lucrezia an der Seite ihres albernen Mannes um so mehr auf ihrer Hut, je mehr seine Dummheit ihr Anlaß und Entschuldigung für eine Uebertretung gäbe, bis endlich die That geschehen, jedes weitere Hüten überflüssig wird und sie sich hingibt dem vorher wohl schwer gezügelten Bedürfnis nach Liebesgenuß und gleichgeteilter Empfindung. Die Mutter wäre als eine vormalige *buona compagna.* wohl im stande, unter der Mandragola eine Spitzbüberei zu merken, aber sie nimmt sich in acht, darüber nachzudenken, da ihr nur darum zu thun ist, daß ihre Tochter wegen der künftigen Erbschaft zu einem Kinde komme. Der *Frate* köstlich. Ein treueres Gemälde als sein erstes Gespräch mit dem fremden Beichtkinde kann nicht gedacht werden. Wie das Weib dumm redet und von einem aufs andre springt und gemein ist und liederlich. Ebenso der Auftritt, wo er Lucrezien darthut, daß die Handlung, gegen die sich ihr ganzes Wesen so schön auflehnt, ohne Gewissensskrupel geschehen könne. Wo aber Macchiavelli sich ganz zeigt, ist, wenn Ligurio, um den Pfaffen zugleich zu prüfen und zu fangen, ihn zur Teilnahme an einem andern, erdichteten Schelmstück auffordert, und nun da er eingewilligt, darauf Geld empfangen hat und so in seiner Gewalt ist, mit der Wahrheit herausrückt, so daß der Spitzbube nur ja sagen muß, wenn er auch weniger wollte, als er wirklich will. Nicia köstlich dumm. Seine Beschreibung des Meers: fünfmal, sechsmal, siebenmal so groß als der Arno und nichts als Wasser, Wasser, Wasser! Das Unwahrscheinliche, das man heutzutage in dem Stücke finden würde, fällt weg, wenn man jene Zeit bedenkt, wo Kuren, wie die hier vorgeschlagene, nichts Seltenes waren. Unmoralisch? Je nun, ja! Man war denn damals noch nicht so exemplarisch fromm, als wir es heutzutage sind.

Macchiavelli braucht das Wort *triste* in gleicher Bedeutung wie *cattivo.*

Den Schlüssel zum *Principe* des Macchiavelli und wie es mit den darin gegebenen Lehren der Tyrannei gemeint sei, gibt folgende Stelle aus seinen *Discorsi.* Im 26. Kapitel des ersten Buchs, wenn er die Mittel angibt, die derjenige anwenden muß, der sich gewaltsam der Herrschaft bemächtigt, welche Mittel in Umstoßung aller alten Ordnungen, Verpflanzung der Einwohner aus einer Provinz in die andere, Beraubung der Reichen, Erhebung der Armen u. s. w. bestehn, setzt er hinzu: *Sono questi modi crudelissimi, e nimici d'ogni vivere, non solamente Christiano, ma umano; e debbegli qualunque uomo fuggire, e volere più tosto vivere privato, che Rè con tanta rovina degli uomini. Nondimeno colui, che non vuole pigliare quella prima via del bene, quande si voglia mantenere, conviene, che entri in questo male. Ma gli uomini pigliano cderte vie del mezzo, che sono dannosissime, perchè non sanno essere ne tutti buoni ne tutti cattivi.*

**(1820.)**

*Sarebbeci da mostrare à queste proposito il modo tenuto dal popolo Romano nello entrare nelle provincie d´altri, se nel nostro trattato de' Principati non ne avessimo parlato à lungo. Macchiavelli Discorsi II.* Wäre damit der *principe* gemeint und dieser also früher als die *Discorsi* geschrieben? Das würde eine gewaltige Aenderung in meiner Meinung von ersterem hervorbringen, da ich mir ihn nur als ein Supplement zu den *Discorsi*, gleichsam als einen zur Vollständigkeit der Materie notwendigen Abschluß gedacht hatte, der weniger die Gesinnung als die logische Konsequenz des Verfassers darstellte.

**(1846.)**

Aus der Art, wie Macchiavelli (*Discorsi* I, 9) den Romulus über den Mord des Remus und die Mitschuld am Tode des Tacitus verteidigt (mit dem Gemeinwohl), sieht man denn doch schon den Verfasser des *Principe* durchschimmern. Ebenso die Ermordung der Ephoren durch Kleomenes in demselben Kapitel.

Wie vortrefflich Macchiavelli einsieht, daß die Religion es war, was in allen inneren Stürmen die römische Republik zusammenhielt. Die Heiligkeit des Eidschwurs zähmte jenen wilden Plebs, und daß in den Händen der Patrizier die Auspizien waren, gab ihnen jenes Uebergewicht, ohne das Rom wiederholt zu Grunde gegangen wäre.

Es setzt schon eine große Geisteskraft in Macchiavelli voraus, daß er es wagte, seinen Grundsätzen der Staatskunst eine Anwendung auf das Volk Israel zu geben, in einer Zeit, wo dieses Volk als unter der unmittelbaren Leitung Gottes betrachtet wurde.

Wenn er Kapitel XXVI demjenigen, der Fürst einer vorher freien Stadt wird, den Rat gibt, alle früheren Einrichtungen und Ordnungen umzustürzen, setzt er hinzu: *Sono questi modi crudelissimi etc.* Das ist der Schlüssel zum *Principe.* Wenn ihr schon Bösewichter sein wollt, so seid es auf eine vernünftige Art.

*

## Tasso.

**(Um 1828.)**

*Apologia in difesa della Gerusalemme liberata. (Ferrara 1585.)*

Den Anfang macht die Zuschrift, mit der Tasso seine Apologie an Ferrante Gonzaga, Fürsten von Moletta und Herrn von Guastalla, übersandte. Hier zeigt sich schon sein höchst aufgeregtes Gemüt; denn außer der Empfindlichkeit über den von seinen Gegnern ausgesprochenen Tadel, der überall durchblickt, äußert er zugleich seine Meinung über die Wichtigkeit dieser Apologie von der, wie er glaubt, der Bestand jenes seines bedeutendsten Werkes, seine Hoffnung, seine Zeit, sein Glück abhängig sei. Armer Tasso, wenn dein Werk nicht für sich selbst gesprochen hätte, was hätte deine Apologie gekonnt?

Hierauf folgt ein Brief des Herausgebers Joh. Bapt. Licini an den Leser, der die Geschichte der vorgelegten Sammlung erzählt. Es war nämlich im Dezember 1584 ein Dialog unter dem Titel *Carrafa* herausgekommen, in dem einiges an Ariost getadelt wurde. Gegen diesen schrieben Franz Patrizio und Horazio Ariosto. Bald darauf derselbe Dialog zu Florenz neu abgedruckt und mit Glossen der *Accademia della Crusca* versehen, die aber weniger den Ariost verteidigten, als vielmehr die *Gerusalemme liberata* angriffen. Tasso schrieb dagegen eine Apologie. Diese zusamt mit den übrigen Streitschriften beschloß Licini herauszugeben, es verzog sich aber damit bis ins nächste Jahr 1585. Licini meint, daß die neu erschienene Sammlung dazu dienen könne, *den Haß* (odio) zu mildern, der sich bei vielen gegen Tasso entzündet, weil sie glaubten, dieser habe bei Herausgabe seines Gedichtes die Absicht gehabt, den Ruhm des Ariost zu schmälern. Dagegen verteidigt ihn der Herausgeber, indem er zeigt, wie groß Tassos Ehrfurcht für Ariost sei, was sein an Horazio Ariosto geschriebener Brief bewähre: er meint aber, daß unbeschadet der Größe des einen der andere doch auch eine bedeutende Stufe des Ruhms erreichen könne. Er macht zuletzt die Leser auch auf den gemäßigten Ton der Schriften, die *für* Tasso erschienen seien, im Gegensatz der Schmähungen der Gegner aufmerksam, was um so verwerflicher sei, da sie teils gegen Tote, teils gegen Menschen gerichtet seien, welche lange Krankheit und traurige Wechsel des Glückes ohnehin tief gebeugt.

Unglücklicher Tasso! In welcher Stimmung mochte er sich damals befinden! Das Werk vollendet, das seine Hoffnung, das Ziel seines Lebens war; und nun Hohn und Spott, wo er Achtung und liebevolles Entgegenkommen erwartet hatte! Ein Held, ein Weltweiser, ein Naturkundiger möge gleichgültig sein bei dem Urteile der Welt, aber ein Dichter? für den die Anerkennung der andern erst der Beweis ist, daß er nicht leer geträumt, daß er sich nicht verstiegen, daß Wirklichkeit ist in seiner idealen Schöpfung! Denn ist die Phantasie nicht eine Lügnerin? und der Dichter soll doch durch sie Wahrheit darstellen.

Was er schafft, ist erdichtet und es soll wirken als ein Wirkliches. Aus diesem Zwiespalt kann sich ein Dichter nur durch Anerkennung von außen retten. Wenigstens über die Ausführung (oder vielmehr Darstellung) muß er das Urteil der andern anerkennen, wenn er auch über den Gang und die Verknüpfung der Ideen, wie jeder Denker, am Ende der höchste und alleinige Richter bleibt.

Hierauf folgt ein Schreiben des Druckers an den Leser, worin hauptsächlich die verspätete Erscheinung dieser Sammlung entschuldigt wird. Am Ende verspricht er baldigst neue Werke zu liefern, *di quel divino spirito* des Sgr. *Torquato Tasso*, die bereits aus dieser *felice penna* geflossen seien, deren Druck man aber noch nicht so nahe geglaubt habe. – Ich kenne das demütigende Gefühl, mit dem man derlei Lob von guten Freunden aufnimmt, während alle andern schmähen.

Von den beiden Lobgedichten des R. P. D. Angelo Grillo, an die nun die Reihe kommt, dreht sich das erste um ein gewaltig hinkendes Gleichnis; denn wenn er mit dem Worte Tasso spielt, das auch einen Eibenbaum (*Taxus*) bedeuten kann, so vergißt er, daß der Taxus nicht hoch wächst und also die übrigen Bäume nicht überragen kann, dann, daß er keine Früchte trägt, von denen der Enkomiast doch spricht. In dem zweiten Sonette nimmt er den Mund nun vollends gar zu voll, erhebt seinen Helden über alle andern Dichter der Vor- und Mitwelt und endigt damit, ihm einen Platz neben dem Pio Goffredo anzuweisen, der nur Jerusalem befreit, indes Tasso beide der Vergessenheit entrissen habe. So etwas erträgt die Mitwelt nicht, und mit Recht. *Nemo ante mortem beatus.*

Wenn man diese voreiligen, überschwenglichen Lobeserhebungen liest, begreift man einigermaßen die Hitze der Gegner. Tasso hätte sich zu solchen Vergötterungen bei lebendigem Leib nicht hergeben sollen, aber gewiß, er war, unmittelbar nach Vollendung seines Werkes noch glühend von schöpferischer Ueberkraft, von der Wahrheit dieses Lobes überzeugt. Um so tiefer war bald darauf sein Fall in der Meinung seiner Zeitgenossen und in seiner eigenen. Schon damals, als diese Sammlung gedruckt wurde, haben diese Lobgedichte ihn gewiß schmerzlicher berührt, als die bittersten Angriffe seiner Feinde.

In der Zuschrift des Bastiano de Rossi an Orazio Rucellai erklärt dieser Sekretär der *Accademia della Crusca,* daß ihm von seinen Kommittenten der Auftrag geworden sei, die vorliegende Widerlegung des Gespräches von Camillo Pellegrino zum Drucke zu fördern, daß er es wage, diese Schrift Rucellain zuzuschreiben, dessen Kenntnisse u.s.w. Datiert Florenz, 16. Februar 1584.

Hierauf macht derselbe Sekretär der Akademie in einem Schreiben an den Leser und unter dem bis zum Ekelhaften fortgeführten Bilde von Mühle, Mehl, Kleie und Mehlbeschauen die Untersuchung eines Sackes mit Mehl bekannt, der die Aufschrift: Camillo Pellegrino führte, und in dem sich ¾ Teil Kleie und kaum ¼ Mehl gefunden, und obschon die Crusca als Gesetz aufgestellt, in allen Fällen solcher Untersuchung, wenn über die Hälfte mehr Kleie als Mehl vorgefunden wird, letzteres für sich zu konfiszieren und nur die Kleie dem Eigentümer zurückzustellen, so sei doch, bei dem Uebermaß des Unbrauchbaren, und da auch das Mehl einen nicht von der Mühle, sondern vom Korn herrührenden bittern Geschmack gezeigt, diesmal auch der kleine Gehalt von Mehl auf die Straße geschüttet worden (*cho si mettisse in piazza*).

*

# Metastasio

**(1841.)**

Wenn man *Fineza contra fineza* von Calderon liest, so merkt man wohl, woher Metastasio seine Eingebungen und seine Manier geschöpft hat. Das sei aber nicht als Tadel gesagt. Ich wenigstens wüßte keinen jetzt lebenden Dichter, der mit Metastasio in die Schranken treten könnte.

*

# Ghiberti

**(1833.)**

Ich kann nicht umhin, meine Landsleute auf ein Buch aufmerksam zu machen, das nur eben jetzt (1833, Leipzig, bei Blockhaus) erschienen ist. Ich meine des berühmten florentinischen Bildgießers Lorenz Ghiberti Chronik seiner Vaterstadt von August Hagen aus der italienischen Handschrift übersetzt. Ich gestehe, daß nur wenige Bücher einen so tiefen Eindruck auf mich gemacht haben. Wenn Benvenuto Cellinis Leben uns einen himmelstürmenden Giganten zeigt, der, in unerschöpflicher Kraftfülle wirkend, die Mit- und Nebenwelt mehr in dem Lichte einer störenden und ankämpfenden Opposition betrachtet, so schmiegt dagegen Ghibertis sanfte, vielleicht wohl gar etwas schwächliche Natur sich mit verklärender Liebe an seine Zeitgenossen an, und gibt ein Bild jener Tage, dergleichen wohl keine Kunstepoche aufzuweisen hat. Der Michel-Angelo-artige Brunellesco, der werkfrohe Donatello, Masaccio, Philippo Lippi, Mönch und Maler zugleich, die ersten Schritte des wundervollen Leonardo da Vinci und, nur kurz erwähnt, aber doch wie aus einer Engelglorie heremschimmernd, der stille Maler von Fiesole; dazu noch eine Welt von Künstlerfiguren zweiten und dritten Rangs, nicht nur mit scharfgezeichneten Umrissen hingestellt, sondern auch in Lagen und Lebensverhältnissen, dergleichen heutzutage nur noch der Roman erfindet, damals aber das ungeschwächte Leben selbst in Wirklichkeit und Fülle hervorbrachte. Welch eine Zeit! Es gibt ganze Länder, deren Geschichte von Erschaffung der Welt bis zum Jahre des Heils 1833 nicht halb so viel

Interesse darbietet, als das kleine Florenz unter seinen Municeern. Wahrlich, wer einen Italiener auf der Straße begegnet, soll von weitem den Hut vor ihm abziehen und denken: Das ist einer von denen, die die Väter der neueren Bildung sind. Ich zweifle nicht, daß diese letztere Zumutung manche spaßhaft finden werden. Diese mögen nur immer Ghibertis Buch ungelesen lassen: den übrigen wird es gefallen.

# 5. Studien zur französischen Litteratur.

## Corneille und Racine.

**(1817.)**

Man hat das: *Soyons amis, Cinna!* des Corneille über die Maßen gepriesen und an und für sich auch mit Recht, ein edles Gemüt könnte sich in Augusts Lage unmöglich schöner aussprechen, als gerade mit diesen Worten. Aber bemerken wir, was unmittelbar vor diesen Worten hergeht. Wie August die Welt und Nachwelt auffordert, auf ihn und seinen Sieg über sich selbst zu schauen. – Es ist eine Erbärmlichkeit in dieser ganzen Stelle, die nur gefühlt werden kann. Ueberhaupt ist die ganze Art, wie August im Cinna eingeführt wird, das Unglücklichste, wozu die Notwendigkeit, fünf Akte herauszubringen, und die Wut, auf Stelzen zu gehen, je einen Autor verleitet hat. Wie jämmerlich, daß August sich selbst seine eigenen Vergehen vorhalten muß, um sich das Verzeihen möglich zu machen; wie schrumpft die Götterfigur zusammen, in deren Munde das: *Soyons amis, Cinna!* allein eine erhebende Bedeutung haben kann. Ueberhaupt finde ich, daß jene Stücke des Corneille, die die Franzosen seine Meisterstücke nennen, gerade, dem Wesen nach, die schlechtesten sind, wie dieser Cinna oder Horace, für die ich mit allem ihrem Wortgepräng und Sentenzenkram keinen Groschen gäbe.

**(1858-1859.)**

Die sonst schwer zu erklärende Erscheinung, wie ein so vortrefflicher Dichter als Corneille, dessen erste Werke auch so vortrefflich sind, nach und nach so schlecht werden konnte, erklärt vielleicht nichts so sehr, als sein Trauerspiel Theodora. Er hatte den Kopf voll spanischer, bewegungsvoller Stoffe und sollte diese nun in der von Kardinal Richelieu octroyierten, durch die alten sanktionierten und von Boileau fixierten magern und engen Form ausführen. Bordellzumutungen in hochtrabenden Alexandrinern ist nun freilich das Lächerlichste, ja Unanständigste, was sich denken läßt. Die Vorführung des Bordells selbst wäre das letztere nicht halb so sehr. Nachdem er nun auf diese Art die Sicherheit der Geistesrichtung verloren hatte, verlor er auch die Fähigkeit, eigentlich französisch korrekte Stoffe mit Feuer und Ueberzeugung auszuführen.

## (1824.)

*Les frères ennemis.* Eine eigentlich *legitime* Tragödie, Das *Blut* entscheidet darin in letzter Instanz über alles, über das Verbrechen, wie über das Kronenrecht. Die Anordnung schwach, die Erfindung der Zwischenbegebenheiten dürftig; in der Gegenüberstellung und Haltung der beiden Brüder aber schon der Geist sichtbar, der in seinen späteren Werken der Stolz der französischen Bühne ward. Polynices eigentlich, vornehmlich für unsere volkssouveränen Zeiten, empörend; aber groß aufgegriffen im Sinne des *Siècle de Louis XIV*, ein wahrer aristokratischer Held; nur zu weit getrieben durch das sündige Blut in seinen Adern und die Wut seines Stammes. Wenn der Kontrast beider Brüder auch nicht die Genialität der *Idee* des Euripides erreicht, der gleichfalls auf die Seite des Polynices tretend ihn den sanfteren von beiden sein und nun, furchtbarerweise, ihn zuerst den Bruder zum Kampfe herausfordern läßt – so ist die Gegenüberstellung des Racine doch nicht weniger *künstlerisch* vollkommen. Der heimtückische Eteocles pocht auf die erschmeichelte Stimme des Volkes, Polynices will niemandem die Krone verdanken, als seinem Arm und dem Recht seiner Geburt. Man kann darauf wetten, daß ein Dichter von heute die Brüder gerade umgekehrt behandelt hätte; aber man muß jeden Dichter in seiner Zeit beurteilen, und wenn die *Thébaide* nur sonst ein gutes Trauerspiel wäre, die von Racine gewählte Haltung der Charaktere der beiden Brüder trägt nichts bei, es zu einem mittelmäßigen zu machen.

Die schlechteste Figur Creon, Die Art, wie alle handelnden. Personen umkommen, wahrhaft läppisch. Große Züge überall, aber das Beste erliegend unter dem Zwang einer als unfehlbar überlieferten Theaterkonvenienz.

## (1838.)

Der ganz gute Kunstgriff, daß durch eine später sich als falsch bewährende Nachricht die Absichten und Leidenschaften der handelnden Personen ans Licht treten und ungescheut sich äußern, wird von Racine denn doch gar zu oft angewendet: Phädra, Bajazet, Mithridates.

**(1840.)**

Warum sagt in der jetzt etwas kahlen siebenten Scene des dritten Aktes der *Andromeaque* von Racine Pyrrhus nicht: Wenn euer Sohn der meinige ist, kann ich ihn schützen, und Griechenland wird aufhören, ihn zu fürchten? Jetzt ist die Scene doch gar zu sehr eine Wiederholung der früheren Lagen und Gesinnungen, und dies genaue Zurückfallen ins nämliche schadet dem Charakter des Pyrrhus.

Racine, ein so großer Dichter, als je einer gelebt hat, mußte eben dafür büßen, an die Scheidegrenze der Mittel- und neueren Zeit hingestellt zu sein, wo die heroischen Leidenschaften des Mittelalters noch fortglimmten, indes ein schauprunkender Konig beschlossen hatte, keiner von ihnen ferner Spielraum zu geben, als jener Minne, die durch Förmlichkeit längst zur Galanterie herabgesunken war. Fünfzig Jahre früher, und der Dichter hätte all jene Tapferkeit, Haß, Blutrache, Herrsch- und Ruhmsucht in ihrer ursprünglichen Gewalt dargestellt; fünfzig Jahre später, und er hätte sie schon so abgeschwächt gefunden, daß er sich seiner Neigung für sanftere Empfindungen unbedingt hätte überlassen können. So aber finden sich jene herben Elemente in dieses süßliche Medium eingetaucht. Und das ist sein Fehler, aber auch sein einziger.

**(1844.)**

Ist der Alexander von Racine auch eine sehr schwache Jugendarbeit, so ist doch die Scene zwischen ihm und Ariana (dritter Akt) nichtsdestoweniger meisterhaft.

**(1852.)**

Mamsell Rachel wird nach Wien kommen. Da man noch nicht weiß, wie gut, wie vortrefflich, oder wie mangelhaft sie sein wird, so beschäftigen sich die Journale vorderhand mit ihrem Repertoire und meinen, für jeden Fall werde sie in schlechten Stücken auftreten, in den Trauerspielen von Racine und Corneille nämlich. Ich fühle mich gar nicht berufen, den unbedingten Lobredner der französischen Tragödie zu machen, aber es muß dem Sachkundigen immer schmerzlich fallen, die Grundsuppe der Litteratur, die Nachbeter und Uneinsichtigen geringschätzig von Werken reden zu hören, die den Stolz ihrer Zeit ausmachten und einen, wenngleich bedingten, Wert für alle Jahrhunderte behalten werden.

Die Geringschätzung der französischen Tragödie hat in Deutschland eine große Autorität für sich. Lessing nämlich, der sich im Eifer der Diskussion sogar zu der Aeußerung hinreißen ließ: Man nenne mir ein Stück des großen Corneille, das ich nicht besser machen könnte. Wenn er damit meinte »verbessern«, so mochte er allerdings recht haben. Ich kenne kein Werk irgend eines noch so großen Dichters, das nicht Fehler hätte und das man daher nicht verbessern könnte. Hatte er aber damit gemeint, »von vornherein besser oder auch nur ebenso gut zu machen als Corneille«, so wäre er in einem großen Irrtum befangen gewesen, schon darum, weil Corneille ein eigentlicher Dichter war, Lessing aber in seiner Vielseitigkeit die Poesie nur nebenbei zum Ausruhen von anderer Beschäftigung trieb. Er fand seine Landsleute in der sklavischen Nachahmung der Franzosen befangen und wollte sie ihnen verleiden, worin er ganz recht hatte. Er wies sie statt dessen auf das Beispiel Shakespeares hin, befolgte aber für sich selbst vielmehr die Grundsätze Diderots im weinerlichen Lustspiele und dem bürgerlichen Trauerspiele, worin er sehr unrecht hatte. Ueber letzteres, das bürgerliche Trauerspiel, hat ein viel mehr berufener Richter, weil selbst großer Poet, Schiller nämlich, sein Urteil in den Worten niedergelegt:

Was kann der Misère denn Großes begegnen?

Um übrigens einer so großen Autorität, als Lessing ist, nicht mit seiner eigenen Meinung gegenüberzutreten, kann sich ein Sachwalter des...

Nur eben hat uns eine bedeutende französische Schauspielerin verlassen. Das Urteil über sie ist, wie meistens in außergewöhnlichen Dingen, sehr geteilt. Die einen loben sie unbedingt, die andern verwerfen sie als im höchsten Grade übertrieben; die meisten lassen ihr Gerechtigkeit widerfahren und bedauern nur, daß sie ihre Kunst an schlechte Stücke verschwendete. Mit diesen schlechten Stücken meinen sie nicht z. B. Adrienne Lecouvreur, welches von einem vorzüglichen Dichter Namens Scribe herrührt, sondern die Tragödien von Corneille und Racine, den Stolz der ältern französischen Bühne und ihrer Zeit, die Bewunderung von ganz Europa.

Was nun diese Bewunderung einer frühern Zeit betrifft, so meinen sie, daß das nicht viel zu bedeuten habe. Wir seien inzwischen so weit vorgeschritten, daß derlei veraltete Anerkennungen uns nichts mehr angingen. – Alle diese Fortschritte in Eisenbahnen, elektrischen Telegraphen, überhaupt in allen Naturwissenschaften zugegeben, scheint doch nicht, daß eine Zeit, in der ganz Europa mit Asien, Afrika und Amerika nicht einen einzigen Dichter von Bedeutung aufzuweisen hat, sich im Fache der Poesie als so sehr vorgeschritten betrachten könne. – Ja, aber wir haben Goethe und Schiller gehabt! – Gehabt ist nicht Haben und der Reiche kann den Pfennig wegwerfen, den der Bettler auflesen muß. – Auch sind die Griechen von uns noch entfernter als Racine und Corneille; demungeachtet ehren wir ihre Dramen noch immer als Meisterwerke. Wenn nun der Geist der Griechen durch ihre uns nicht mehr gemäße Form noch immer auf uns einwirkt, bei den Tragödien der Franzosen aber das Entgegengesetzte eintritt, so ist es nicht mehr die Form, nicht mehr das Veraltete, nicht mehr die Zeit, es sind nicht mehr bloß die Stücke, die wir tadeln, es sind die Dichter selbst, es sind Corneille und Racine, die wir für schlechte, oder wenigstens höchst unbedeutende Dichter erklären.

Diejenigen, die letzteres thun, haben einen großen Gewährsmann für sich: Lessing nämlich. Dieser ging in seiner Anfeindung der französischen Tragödie so weit, daß er sich zu dem Ausspruche hinreißen ließ, man möge ihm ein Trauerspiel des großen Corneille nennen, das er nicht besser machen wolle. Wenn nun Lessing damit meinte: *verbessern*, so müssen wir ihm unbedingt recht geben. Denn da jeder Dichter, als Mensch, seine Fehler hat, so wird auch ein minder ausgezeichneter Geist als Lessing dieses oder jenes noch so vortreffliche Stück verbessern können. Sollte er aber damit gemeint haben »von vornherein besser oder überhaupt nur ebenso gut machen, als der große Corneille«, so mögen wir mit Recht daran zweifeln, schon aus dem einfachen Grunde, weil Corneille ein großer Dichter war, Lessing aber, bei der Universalität seiner Richtungen, nicht.

**(1862.)**

Die französischen Klassiker haben die Einfachheit der griechischen Stoffe nachgeahmt und nicht beachtet, daß bei den Griechen der Chor, die Musik, der Tanz schon von selbst eine Mannigfaltigkeit hineinbrachten.

*

# Molière

**(1861)**

Ich zweifle keinen Augenblick, daß Molière im Misanthropen sich selbst geschildert hat. Einmal wimmelt es darin von kleinen intimen Nuancen, die nur derjenige findet, der das Dargestellte selbst empfunden hat. Daß des Misanthropen Meinung von der Poesie Molières eigene war, leugnet niemand. Sogar der unbefriedigende, stumpfe Ausgang des Stückes deutet darauf hin und wird jeder Dichtung eigen sein, die aus Selbstironie hervorgegangen ist, wie z. B. Goethes Wilhelm Meister und Tasso zeigen. Wie er von Eifersucht, und zwar gegründeter, geplagt war, lehrt die Geschichte seines Lebens. Nun endlich dieses sein Leben selbst. Ein Dichter im eigentlichen Sinne des Wortes, auf das Edle und Große hinstrebend, wie er denn von der Darstellung ernster Charaktere nur durch wiederholtes Verunglücken auf der Bühne zurückgeschreckt wurde, und nun genötigt, den Lustigmacher, den Hans Narren zu spielen, mitten im Jubel des Beifalls sich wahrscheinlich selbst verachtend über die Versündigung an seinem besseren Innern. In der Gesellschaft tief unter denjenigen stehend, die er nicht einmal als seinesgleichen anerkennen konnte. Selbst der Misanthrop fiel durch, als nicht pudelnärrisch genug. Mußte sich da nicht eine Feindseligkeit gegen die gesellschaftlichen Zustände ansetzen? Ich denke hier an Raimund, der, obgleich tief unter Molière stehend, doch hierin eine Aehnlichkeit mit ihm hatte. Wie nahe Molière der eigentlichen Gemütspoesie stand, von der ihn nur das Zeitalter und vielleicht der überlegene Einfluß seines Freundes Boileau zurückschreckte, zeigt nebst einzelnen Stellen in allen seinen Werken vor allem das kleine Bruchstück: Melicerte. Der Monolog der Heldin im zweiten Akt zeugt von einer seine Zeit weit überflügelnden Empfindung, wie sie selbst bei Racine selten vorkommt.

Ob nicht der Name Tartuffe von dem aus Scherz dem Deutschen nachgeahmten Worte: *Der Teuff* oder *Dar Teuff* (der Teufel) herkommt, dessen sich die Franzosen noch heute wie *Vas is das, Surcrout, la Schlague,* bedienen. Die Verwechslung von *D* und *T* ist ebenso natürlich, da sie die Deutschen überhaupt wegen ihrer harten Aussprache der weichen Buchstaben auch beim Französischreden lächerlich finden.

Es ist merkwürdig, wie in den frühesten Stücken Molières die Empfindungspoesie hervortritt und erst später der Verstandespoesie den Platz räumt, z.B. in dem freilich etwas absurden *dépit amoureux* die Figur des mannweiblichen Ascagne. Das hing ihm wohl noch von den Spaniern an, so wie die Buffonerie von den Italienern. Vielleicht hat erst die Bekanntschaft mit Boileau und der Vorgang der damaligen Tragödie den Streit zu Gunsten des Stils und der Reflexion entschieden.

*

# Voltaire

**(1817.)**

Es ist unbeschreiblich, wie sehr Voltaire in seiner Henriade, diesem verifizierten *Siècle de Henri IV*, das Wesen der Poesie verkannt hat. Ueberall Begriffe, nirgends Bilder, und wann er auch manchmal *pour assaisonnement* ein Bild einstreuen will, so erstarrt es in seiner kalten Hand augenblicklich zum Abstrakten. So wenn er den Tod des Joyeuse malen will:

> Telle une tendre fleur, qu'un matin voit éclore
> Des baisers du Zéphyre et des pleurs de l'Aurore,
> Brille un moment aux yeux, et tombe avant le tems
> Sous le tranchant du fer,

Bis hierher mag's angehen, obwohl man darunter eher den Tod einer *petite maitresse* als eines Heros suchen sollte, aber der Schluß:

ou sous l'effort des Vents,

und der Teufel hat das Bild geholt. Er hat keine bestimmte Blume gemalt, den *Begriff* einer geknickten Blume, irgend eine Blume hat er gegeben. Hier ließe sich noch einiges einwenden, aber nun ein anderes....

## (1824.)

*Rome sauvée.* Es ist merkwürdig, daß Voltaire, laut der Vorrede, glaubt, in diesem Stücke ein treues Bild der damaligen Zeit aufgestellt zu haben. Catilinas ganzes Gepräge ist vermischt. Da ist nichts von seiner Heuchelei, seiner Versatilität, seiner Gabe zu verführen, seiner verhöhnenden Schmeichelei. Sein Verhältnis zum Lentulus, – den er eigentlich zum Narren hatte und dessen lächerlichen Ehrgeiz er bis zum halben Wahnsinn steigerte – wie kahl, ins Allgemeine und Unbezeichnende herabgezogen. Catilina selbst ein Komödie-Bösewicht. In Cicero sah Voltaire sich selbst und er ist daher hie und da quecksilberner ausgefallen als billig. In den Anweisungen für den Schauspieler laßt er Cicero weder *gehen*, noch *sprechen*: *il court, entre avec précipitation, il s'écrie* u. s. w. Im übrigen freilich pomphaft genug. Unbegreiflich bleibt, wie Voltaire das Dramatische des Moments nicht fühlte, da Cicero den Catilina mit der ersten seiner vier Reden im Senate andonnerte, die Senatoren von ihren Sitzen aufstehen, und die ganze Seite der Bänke, wo jener saß, leer bleibt, in ihm selbst die Angst des bösen Gewissens und die Unverschämtheit wechseln, bis die letztere, wenigstens für Augenblicke, den Sieg erhält, und er mit seinem *incendium meum, ruina vestra exstinquar* (oder ungefähr so) den Senat verläßt. Wie dramatisch, wie lebhaft!

Cato ist am übelsten weggekommen. Er applaudiert unaufhörlich dem Cicero und schiebt seine Phrasen ein, wo er einen Raum findet. Cäsar liest Kollegien über sich selbst, und d'Alembert hatte nicht unrecht, wenn er den Vers: *Permettez que César no parle point de lui* für den schlechtesten des Stückes hielt. Dramatisches Interesse hat eigentlich nur der vierte Akt, oder vielmehr dieser Akt ist das ganze Stück. Nicht als ob ich diesen Akt loben wollte, kein Catilina, aber am Ende doch ein Drama. Die drei ersten Akte bestehen aus dem inkonzisesten Hin- und Herreden, was man sich denken kann. Die

Auftritte sind ohne Organismus nebeneinander hingestellt, und selbst der französischen Regel: *de ne jamias laisser la scéne vide* werden die eklatantesten Nasen gedreht. Die ersten drei Akte lassen sich unter keiner Voraussetzung rechtfertigen. Der vierte und fünfte nur dann nicht, wenn man einen Catilina schreiben wollte; und noch dazu einen Catilina, der, wie die Vorrede besagt, ein Gemälde seiner Zeit und der darin auftretenden Personen geben sollte.

## (1852.)

Voltaire glaubte ganz bestimmt und aufrichtig an Gott und nahm seinen Freunden, den Enzyklopädisten, ihren Atheismus sehr übel. Der zweite Brief an *L. C. (Condorcet) Correspondance générale T. IX, No. 413* ist eigentlich erhaben zu nennen. Seine Ansichten über das, was er *qualitates occultae* heißt, über das Unzureichende der menschlichen Vernunft hinsichtlich der ersten Gründe, ja der Erscheinungen in Geist und Natur, die Beziehung von jedem Einzelnen auf Gott, der allein das Wesen, alles andere aber nur *modus* sei. Wer hätte das hinter Voltaire gesucht?

Wer kennt ihn aber noch heutzutage? Man begnügt sich über ihn abschätzig zu sprechen, es fällt aber niemand ein, seine *Correspondance* zu lesen, die, alle seine Fehler zugegeben, seine Gutmütigkeit, Wohlthätigkeit, seinen Sinn für Freundschaft und sein Streben nach Wahrheit in das hellste Licht setzt.

Spötter der kirchlichen Religion war er wohl immer, aber eigentlich erbittert und angreifend wurde er erst, als die schändlichen Hinrichtungen der Calas, Sirven und La Barre den Fanatismus in seiner scheußlichsten Gestalt dargestellt hatten.

Ob der Philosoph, der der Meister Malebranches und seiner Nachfolger gewesen war, ohne daß sie's wissen und den Voltaire sich hütet zu nennen, wohl gar Spinoza ist? Uebrigens kennt Voltaire keinen Gott ohne Verstand und Willen wie jener.

## (1856.)

Einer der merkwürdigsten Züge Voltaires ist sein Sinn für Freundschaft. Génonville, der ihm seine Geliebte, Mlle. Livry, abspenstig gemacht hatte, blieb sein Freund und er beklagt ihn noch nach seinem Tode in einem wunderhübschen Gedichte mit aller

Wärme der Wahrheit. Dieses Gedicht und das unmittelbar darauf folgende *Le Vous et le Tu* (wobei auch Mlle. Livry gemeint ist) sind zwei seiner schönsten.

*

## Rousseau

**(1822.)**

Ich lese Rousseaus *Confessions* und erschrecke darin mich selbst zu sehen.

*Mais quoique M. de Pontvere fû un bon homme, ce n'étoit assûrement pas un homme vertueux. Rousseau Cofessions.* Wie in die Augen soringend ist hier dieser Gegensatz.

Mit welcher Naivetät Rousseau von sich selbst sagt: *moi, qui me suis cru toujours, et qui me crois encore, à tout prendre, le meilleur des hommes.* Das Geständnis eigener Fehler und Schwächen verliert wohl allen Wert, wenn man von seiner Vortrefflichkeit so überzeugt ist, als Rousseau es war. Sie vertreten dann bloß die Stelle des Schattens im Gemälde und heben das Bild statt es zu entstellen. Katty hat einen guten Teil von dieser Selbstschmeichelei.

Wie würde sich Rousseau gewundert haben, wenn ihn jemand den vollkommensten Egoisten genannt hätte, der jemals gelebt? Der in andern, mit denen er in Berührung kam, immer nur die Ideen liebte, die er mit ihren Personen in Verbindung bringen konnte, nie aber die Personen selbst; der daher auch keinen eigentlichen Freund, keine eigentliche Geliebte fand; der *daher* seine Kinder ins Findelhaus gab, *bloß* weil sie der Ausführung seines einmal gemachten Lebensplanes im Wege standen, und auch in der Folge mit gleicher Härte über ihr Schicksal ganz unbekümmen blieb; der, um ungeniert zu sein, das Weib, das ihm so zugethan war, als Maitresse hielt, statt sie durch den Namen seiner Frau glücklich zu machen; der ewig sich als den Mittelpunkt der ganzen Schöpfung, alles, was um ihn geschieht, als seinetwegen geschehen betrachtet, und wenn ein Erdbeben oder ein jäh ausbrechender Vulkan ihn im Schreiben gestört hätte, darin ein Komplott gegen seine Person gesehen haben würde; dessen Sucht nach Auszeichnung so groß war, daß, da er nicht *alle* Zeichen desselben *allein* besitzen konnte, er lieber gänzlich auf sie Verzicht that; der die Welt verachtete, weil er nicht in ihr zu leben verstand; den Ton der Gesellschaft, weil er sich ihn nicht aneignen konnte; der die Einsamkeit suchte, weil er nur dort das allein fand, was allein ihn auf der Welt interessierte, sich selbst nämlich, seine Gedanken, seine Empfindungen. Wenn ihm nun das jemand sagte, sich aber in alledem zugleich als seinen Bruder ankündigte, was würde er antworten? Nie hätt' er's geglaubt, und doch ist's so; ist so, ohne daß Rousseau dadurch eigentlich moralisch schlechter würde. Es ist der Zustand des völlig durch seine *Gedanken* beherrschten Menschen. Rousseau glaubte, er sei es durch seine *Empfindungen*, aber umgekehrt, denn diese entstanden immer erst aus jenen, oder vielmehr *bloß* aus jenen. Was ihm kein Feld für seine Ideen bot, da empfand er auch nichts, wie z.B. gegen seine Kinder, die seinen Lebensplan kreuzten, und die er daher entfernte. Nie hat er über sich ein wahreres Wort gesprochen, als wenn er sagt: *j'ai besoin de me recueiller pour aimer*, und darin liegt der Schlüssel seines Lebens. Wenn man sich seinen Gedanken, zumal in der Einsamkeit, ganz hingibt, so verschlingen sie die ganze Welt, nähren sich mit allem, was darin für sie genießbar ist, und bleiben zuletzt allein mit dem, der sie trägt, in einer wesen- und freudenlosen Wüste.

Das zwölfte Buch von Rousseaus Konfessionen kömmt mir auffallend verschieden von den vorhergehenden vor. Es ist, als ob der Verfasser, durch die lange Arbeit ermüdet, die poetische Anschauung seines Lebens und die dramatischkonsequente Ausbildung des sich selbst geliehenen Charakters vergessen hätte und auf einmal in die Prosa der Wirklichkeit herabgefallen wäre. Seine Eitelkeit, die Sucht, sich durch Sonderbarkeiten auszuzeichnen, treten gar zu nackt hervor. Ueberall Spuren des *ennui*. Man merkt, daß er hier die Gegenwart beschreibt, die sich natürlich nicht so leicht idealisieren läßt, als die Vergangenheit.

Scheint es im zwölften und fünfzehnten Briefe (2. Band) der Heloise nicht, als ob St. Preux Lust hätte, sich selbst abzukühlen, und Julia es ihm verböte?

**(1822.)**

Rousseau in seinen *Rêveris d'un promeneur solitaire* macht eine lange Abhandlung über die Zulässigkeit der von ihm sogenannten *unschädlichen* Lüge. Genau genommen gibt es aber keine unschädliche Lüge; denn wenn der Mensch als Mensch eigentlich nur in Berührung mit andern seinesgleichen, in *Gesellschaft*, leben kann, jedes gesellige Verhältnis aber *Vertrauen* voraussetzt, und Vertrauen ohne *Wahrheit* nicht denkbar ist: so greift jede, auch die kleinste Lüge die Grundlage aller menschlichen Zustände an und jeder Lügner ist ein Verräter an seinem ganzen Geschlechte.

**(1857.)**

Wenn Rousseau wahrheitsliebend war, so ist er es erst später geworden. Er hat in seiner Jugend die Religion geändert, um leben zu können, und in seiner Komödie: Die Kriegsgefangenen, dem elenden Ludwig XV. aufs unverschämteste geschmeichelt.

**(18Z9.)**

Rousseau hat wahrscheinlich geglaubt, in der Neuen Heloise vorzugsweise ein Werk der Empfindung zu schreiben. Es ist auch voll Empfindungen, aber eine fehlt, die Mutter aller übrigen: das Schamgefühl, und Rousseau selbst – unbeschadet seiner großen Gaben – obwohl er sich wahrscheinlich unter die Gattung der St. Preux rechnete, war nichts als eine Art M. Wolmar.

**(1868.)**

Komisch ist, wenn Rousseau (Emile) meint, dadurch, daß er eingestehe, nicht recht gethan zu haben, daß er seine drei Kinder ins Findelhaus gegeben, schon die ganze Schuld abgebüßt zu haben, und daß es von da an unrecht sei, sie ihm noch vorzuwerfen. Er war ein *amateur* der Tugend.

*

# Choderlos de Laclos

## (1824.)

Diese *Liaisons dangereuses* sind zu fein, als daß sie wahr sein sollten! Uebrigens zu revoltant, um ein eigentliches Interesse zu erwecken. Der Brief Nr. 81 der Marquise de Merteuil an Valmont sublim in seiner Art. Es *gibt* keinen noch so verhärteten Bösewicht, bei dem die Gegenwart und der Anblick der Neigung eines tugendhaften Weibes nicht wenigstens für *Augenblicke* Einfluß auf die Gesinnung haben sollten. Wenn die Briefform für die Mitteilungen zwischen den beiden Intrigants die bequemste war, so konnte sie dagegen für das Verhältnis zwischen Valmont und der Präsidentin nicht unglücklicher gewählt sein. Nicht allein, daß der Verfasser dadurch genötigt war, das tugendhafte Weib *gegen ihren Charakter* Briefe schreiben und empfangen zu lassen, so ist dadurch auch die ungeheure Kluft vom Erwachen des Interesse bis zur überhandnehmenden Neigung so ziemlich leer geblieben. Die *Erzählung* hätte da viel mehr gekonnt.

\*

# Frau von Stael.

## (1816.)

Peinlich ist die Schwüle, die über den ersten Bänden der *Corinna der Frau v. Stael* gelagert ist. Ich fühlte mich ordentlich erquickt, als ich heute im zweiten Bande die Stelle las, wo Lord Nelvil über die Engelsbrücke geritten kommt. Es war eine aus Freude und Verwunderung gemischte Empfindung, daß einer der Helden dieses Buches auch reiten oder überhaupt etwas anderes als *reden* könne. Ich habe dies Buch noch nicht ausgelesen, aber bis jetzt scheint mir der Plan einer der unglücklichsten, die je entworfen worden sind. Wenn auch Abwechslung überhaupt angenehm ist, so ist es keineswegs die zwischen warmem Gefühl und kaltem Verstand, wenn nicht Humoristik etwa diese Extreme verknüpft; sonst, und so ist es auch in der Corinna der Fall, wird leicht darüber der Verstand warm und das Gefühl kalt.

**(1816.)**

Es ist interessant, eine Parallele zu ziehen zwischen Jean Pauls Titan und der Corinna der Frau von Stael. Beide scheinen von einem Plan ausgegangen zu sein (Jean Paul, versteht sich, nur im Anfange seines Werkes). Beide suchen die Beschreibung von Italien dadurch, daß sie es wie eine Landschaft mit handelnden Personen staffieren, zu heben, aber wie verschieden ist der Erfolg! Indes die Landschaft bei Jean Paul stets Hintergrund bleibt, verschlingt sie in der Corinna die Figuren.

**(1822.)**

Die lächerliche Eitelkeit der Madame Stael leuchtet wohl nirgends so sehr hervor, als in ihrem letzten Werke: Zehn Jahre meiner Verbannung. Ueberhaupt ist mir das ganze Wesen dieser Frau unleidlich. Was für übertriebene Deklamationen; was für, wenn nicht gemachter, doch gesuchter Enthusiasmus: welche halbwahre Wahrheiten und allgemeine Sätze, die aufs höchste als besondere gelten. Sie steht an der Spitze der Schriftsteller, die nicht ihren Gegenstand zeigen wollen, sondern sich. Worin bestand denn das Unglück ihrer Verbannung? Daß sie nicht mehr in den Zirkeln von Paris glänzen konnte, an denen sie so läppisch hing. Ihre Klagen sind ein Verbrechen an allen, die damals wirklich Ursache zu klagen hatten.

**(1830.)**

Die Moral, die Madame Stael in der Vorrede ihrer Delphine predigt, ist eigentlich (ohne Verunglimpfung sei es gesagt) die Moral eines debauchierten Weibes. Mit den zwei Eigenschaften, die ihrer Meinung nach das Wesen der menschlichen Moralität ausmachen sollen: der Güte (*bonté*) und der Großmut, hat sie eigentlich nur die Gemütsvorzüge umschrieben, Körper und Geist aber ausgelassen mit dem, was sie angeht: Enthaltsamkeit und Gerechtigkeit.

J'ai souvent remarqué que c'est pas ses défauts que l'on gouverne ceux dont on est aimé.

*Delphine, (1. Brief)*

Die zwei ersten Briefe der Delphine, vornehmlich der zweite, doch ein wenig gar zu schroff im Gegensatz gehalten. So schreibt man denn doch nicht, wenn man eine Rente von 10+000 Franks zum Geschenke erhalten hat, um heiraten zu können. Man merkt die Absicht.

J'en ai quelquefois (de la raison) interrompit M. de Sorbellane, lorsqu'il ne s'agit que de moi; mais je trouve une sorte de barbarie dans la raison appliquée à la douleur d'un autre, et je ne m'en sers point dans une pareille situation.

*(8. Brief)*

Auch in dem ersten Gespräche Delphinens mit Leonces Lehrer Barton legt dieser offenbar zu viel Gewicht auf seines Zöglings Verletzbarkeit in Hinsicht auf Meinung, Urteil der Welt. Man merkt zu sehr, daß das im voraus angelegt ist, um die Katastrophe zu motivieren. Aber vielleicht würde man's nicht merken, wenn die Vorreden, die vorausgeschickten Betrachtungen, das Motto, das Geheimnis nicht vor der Zeit verrieten. Darum: keine Vorrede zu einem Dichtwerke!

Celui des deux qui ne peut vivre sans l'autre est l'être soumis et dominé.

*Delphine. (12. Brief.)*

Im zwölften Briefe nach meinem Urteile Delphine offenbar zu sehr im klaren über ihre erwachende Neigung zu Leonce. Ueberhaupt drängt sich bis dahin der *Begriff* zu sehr vor, so wunderschön das Gefühl und sein Ausdruck auch ist. Viel unbewußter und daher natürlicher drückt sich dagegen Delphinens Etourderie aus. Oder war diese Eigenschaft vielleicht der Verfasserin geläufiger?

Nein, nein, nein! Es ist ein Takt der Empfindung – oder soll ich's doch lieber *sensibilité*(Erregbarkeit) nennen? – in diesen Briefen, wie – sie einmal in dem Verfasser der Sappho war.

Daß Leonce jene Triebfeder seines Charakters gleich im ersten Briefe: *empire de l'opinion* nennt, ist miserabel. Ein Mensch seiner Art sollte dabei auf *vertu, honneur* u. dgl. denken. Aber es herrscht hier eben auch die Absicht, der Begriff vor, und der ist immer nackt und deutlich, während die Empfindung sich verkleidet und mißkennt.

Auch spricht er in demselben Briefe selbst von der *fierté* und *impétu-osité de son âme*; trägt überhaupt Spuren der weiblichen Faktur.

Auf der andern Seite aber vortrefflich die scheinbare Opposition, in die er durch diese Gesinnungen mit Delphinen tritt (XIX. B.) und wie diese darüber geradezu die erwachte Neigung für ihn wieder fahren läßt.

Es ist ein Schatz von gefühlten und treffenden Bezeichnungen in dieser Delphine wie nicht leicht in einem andern Buche.

*Vous savez que de tous les arts, c'est à la peinture que je suis le moins sensible*, schreibt Delphine und spricht damit wahrscheinlich die Lage der Verfasserin selbst aus. Ich glaube es wohl; Voltairen ging es kein Haar besser.

Die Scene im Atelier des Malers, wo Leonce das Bild jenes M. de Serbellane entdeckt, doch ein wenig gar zu komödienhaft ...

*Un revers éclatant peut donner de nouvelles forces à une âme fi-ère; mais un chagrin continuel est le poison des toutes les vertus, des tous les talents, et les ressorts de l'âme s'affaissent entièrement par l'habitude de la souffrance.*

*Delphine III, 7.*

*... mais songez que c'est dans le bonheur, qu'il est aisé de fortifier sa raison. Je n'exige rien des malheureux, ils ont assez á faire de vivre*

*III, 10.*

Die Scene in der Kirche (III, 49), wo er Delphinen zwingt, an demselben Altar, wo er mit Mathilden getraut worden, die letzte Ergebung anzugeloben, recht eigentlich abscheulich. Der ganze Vorgang überhaupt entweder über dem Talente, oder doch über der Stimmung der Verfasserin. Aber doch eine gute Stelle darin.

*Je veux affranchir ton âme ... de tous les scrupules vains, qui la retien-nent encore*, sagt er. *Delphine, si nous étions au bout du monde, si les volcans avaient englouti la terre qui nous donna naissance, les hommes que nous avons connus, croirais-tu faire un crime en t'unissant á ton amant? Eh bien! oublie l'univers, il n'est plus, il ne reste que notre amour.*

Offenbar ungemein schlagend.

*La nature et la société suivent cette maxime connue de l'Evangile: elles donnent à ceux qui ont; mais ceux qui perdent, éprouvent une contagion de peines qui se succèdent rapidement et naissent les unes des autres.*

Ich habe dies Buch weggeworfen, ich will es nicht auslesen. Mit ihrer verfluchten *opinion!* Wer würde übrigens nicht glauben, daß der dritte Akt des treuen Dieners nach jener abscheulichen Scene zwischen Delphinen und Valorbe gebildet ist? Ich nenne sie abscheulich, obgleich sie materiell milder ist als jene im treuen Diener. Aber dort ist von vornherein alles roh, ursprünglich, gewaltsam, indes hier dieses Aeußerste mitten unter die sentimentalen Quintel und Skrupel hineinplatzt. Daß man nur einen Augenblick glauben kann, ja vielleicht sogar *soll*, Valorbe wolle ihr körperlich Gewalt anthun, hat mich auf eine Art empört, daß ich nicht weiter lesen konnte.

\*

## Lamartine.

### Lamartines Reise nach dem Orient.[4]

**(1835.)**

Ich habe vorausgesagt, daß diese Reise der Endpunkt von Lamartines Ruhme sein werde. Einmal war mir klar, daß, bei der Dürftigkeit seines inneren Bereiches, das Unternehmen nur ein Versuch sei, Inspiration von außen zu holen, was immer verunglückt; dann mußte aber zugleich dieses *desapointement* dabei an den Tag kommen, da vorauszusehen war, daß er sich beeilen werde, die Resultate der Welt mitzuteilen. Auf welche Art aber? Die Beschreibung der Reise hatte ihm Chateaubriand von vorne weggenommen; ein episches Gedicht konnte nur die Schwäche des Verfassers aufdecken; und eine Reihe lyrischer Darstellungen, was das klügste gewesen wäre, mußte, nach so viel Vorbereitungen und Vorausbesprechungen, dem Verfasser wie dem Publikum als zu unbedeutend erscheinen. Er hat das Uebelste, die Reisebeschreibung gewählt und gibt sie mit einer koketten Vorrede in der Weise des Liedes:

---

[4] Paris 1834.

Nein, nein, ich singe nicht, mein Herr! dem Publikum. Man sagt, das Buch finde wenig Beifall in Frankreich. Ich werde es lesen. Die Religion ist nur in jenen Zeiten ein Hebel der Poesie, wo sie den Gesichtskreis erweitert; in unseren vorgeschrittenen, wo sie ihn verengt, muß sie peinlich und endlich anwidernd wirken. Nun noch dazu eine Religiosität, die nichts als eine Art geistiger Karlismus ist, ein schwächliches Bedürfnis des Herzens, statt eines starken Emporhebens des ganzen Menschen.

### (1836.)

*Jocelyn* von Lamartine.[5] Mit Poesie verbrämte Prosa. Selbst Gott nur aus der Religion entlehnt, nicht von Gefühl und Phantasie geschaffen. Die Natur mit der Umständlichkeit des Botanikers und Geometers ausgezirkelt und abgemessen, und doch ohne Anschaulichkeit und verworren. Eine unglückliche Konzeption. Der erste Teil wenigstens, denn mehr habe ich vorderhand nicht gelesen.

### (1836.)

*Jocelyn* von Lamartine. Das ist denn doch zu viel des Unsinns. Da ist denn die bare Prosa, die ich schon früh bei seinen ersten gesteigerten Bestrebungen am Boden des Gefäßes erblickt hatte, Prosa der Zettel, und als poetischer Einschlag die Verkehrtheit.

Das Absurdeste, die letzten Stunden des Bischofs, Laurence eine Hetäre geworden, und dann die pfarrherrlichen Parabeln!

### (1837.)

Lamartines Religiosität ist eine Art geistiger Bankrutt, eine Insolvenzerklärung der menschlichen Natur; das ist nicht poetisch, sondern widrig. Chateaubriands Abgeschmacktheit hat doch etwas Gesteigertes.

Chateaubriand gibt uns in Prosa (*martyres*), was höchstens in Versen erträglich wäre, Lamartine (*Jocelyn*) braucht Verse, wo jede Zeile die Prosa fordert.

---

[5] Paris 1836.

**(1838.)**

*La chute d'un ange* von Lamartine, I.Band.[6]  Die lyrischen, be-
schreibenden und betrachtenden Stellen ohne Bedeutung. Das epi-
sche Element, d.h. alles, was geschieht, die gesamte Handlung von
einer – nicht Albernheit, das wäre zu wenig – von einer Dummheit,
die allen Begriff übersteigt. Der Schluß, wo sie zu dem Alten in die
Höhle kommen, noch das Beste, nachdem kurz vorher die unsinni-
ge Idee vorgekommen, daß die beiden Eltern einen jungen Palm-
baum herabbringen, ihre Kinder in die Krone legen, und nun den
Baum wieder emporschnellen lassen. *Il n'y a qu'un pas du sublime au
ridicule. M. de la Martine a fait ce pas.*

Im zweiten Bande eine gute Idee, wenn er als Grund der Mono-
gamie den Umstand anführt, daß beide Geschlechter in gleicher
Anzahl geboren werden.

Gleich darauf aber die Ankunft der drei Heiden auf einem Luft-
schiff, die Beschreibung der Struktur desselben und wie sie darin in
der Luft emporsteigen, daß die Sterne über ihnen dahinfliegen (!)
und die Erde als eine bloße Kugel erscheint (!), als ob es ein Wahnsinniger geschrieben hätte.

Seine Stärke die Beschreibung.

Im ganzen eine Arbeit, bei der man, um die früheren Werke desselben Verfassers zu retten, gern annehmen möchte, daß er in der
Zwischenzeit wahnsinnig geworden sei.

*

# Delavigne

**(1820.)**

*Gelesen*, die *vêpres siciliennes*[7] von Delavigne, die in Paris so viel
Aufsehen gemacht haben. Das Stück ist merkwürdig in seiner Art.
Es war wohl noch niemanden sein Stoff gleichgültiger, als dem
Verfasser dieses Stückes; er betrachtet ihn durchaus bloß als Mittel,

---

[6] Paris 1838.
[7] Paris 1819.

so viel Zeitanspielungen als möglich anzubringen und der Eitelkeit seiner Nation zu schmeicheln. So oft er Procidas Unternehmen ohne andere Nebenblicke betrachtet, stellt er es, auf Frankreichs Unterjochung durch die Verbündeten anspielend, als etwas Lobenswertes dar; wie er sich aber wieder erinnert, daß es Franzosen sind, gegen die die ganze Unternehmung gerichtet ist, wird sie zum Frevel und er vernichtet den innersten Lebenskeim jenes Stückes durch den Schatten, den er auf dessen Hauptbegebenheit wirft. Von Charakteren ist keine Rede. Montfort benimmt sich durchaus so widersinnig, daß er der Bedeutung, die der Verfasser, seinem eigentlichsten Interesse zuwider, auf ihn häuft, durch nichts verdienen kann. Lovedans Unbedeutendheit geht oft bis zum Komischen. Procida, der der Sache nach alle Lichtstrahlen auf sich vereinigen sollte, wird zweckwidrig durch Montfort verdunkelt. Amalia ist nichts. Wie possierlich sich eine große öffentliche Begebenheit auf dem engen französischen Theater ausnimmt, ist durch öftere Erfahrung bekannt, kleinlicher als diese Verschwörung, noch dazu in der Wohnung des französischen Unterdrückers, kann man sich kaum etwas denken. Uebrigens ist das Stück nicht ohne Verdienst im einzelnen, gut versifiziert und voll, zum Teil recht gelungener *concetti* und Sentenzen, was auch nebst den vielen Zeitanspielungen den Erfolg auf der Pariser Bühne erklärlich macht.

*

## Victor Hugo.

**(1834.)**

*Victor Hugo, Littérature et Philosophie mêlées. Préface.*

*Journal des idées d`un jeune royaliste.* Diese Sammlung beginnt mit dem sechzehnten Jahre des Verfassers, Die Kunst- und litterarischen Ansichten eines berühmten Autors aus dieser Lebensperiode können ein Interesse haben; die politischen sind durchaus ohne Wert.

Wenn die Form, der Stil als das erste Erfordernis eines großen Kunstwerkes angegeben wird, und der Gehalt erst als zweites, so ist das, aufs gelindeste ausgedrückt, höchst sonderbar. Ein Wie setzt doch vor allem ein Was voraus.

Und doch setzt er der Kunst ewig praktische Zwecke und das ist sein Hauptfehler, zusamt dieser ganzen neuern französischen Schule, *il pense (le vrai poète) qu'an théatre surtout il ne suffit pas de remplir seulement les conditions de l'art*; was denn sonst?

*Le théâtr est une chose, qui enseigne et qui civilise.* Warum nicht? indirekt und beiläufig; aber direkt und als Zweck ist es das Unkünstlerischte, das man sich denken kann.

*L'art d'à présent ne doit plus chercher seulement le beau, mais encore le bien.* Worin liegt denn also der Unterschied zwischen der Prosa und der Poesie, wenn der Zweck beider ganz der nämliche ist.

Glücklicherweise widerspricht er sich gleich darauf wieder und meint, daß er zivilisieren und erbauen soll *chemin faisant, sans se détourner et tout en allant devant lui. Théâtre, p. 93.*

*On nomme action au théâtre la lutte de deux forces opposées.* Das läßt sich hören. Paßt nicht auf alle Fälle, ist aber, im ganzen genommen, ungefähr die beste Erklärung des Begriffs Handlung, die mir vorgekommen ist.

*Plus ces forces se contrebalacent, plus la lutte est incertaine, plus il y a alternative de crainte ou d'espérance, plus il y a d'intérêt.* Gut.

*Il ne faut pas oonfondre cet intérêt, qui nait de l'action avec une autre sorts d'intérêt, que doit, inspirer le héros de toute tragédie, et qui n'est q'un sentiment de terreur, d'amiration ou de pitié.* Die erste Hälfte des Satzes sehr wahr, aber die zweite Hälfte schlecht ausgedrückt. *Terreur, pitié* sind Empfindungen, die die *Handlung* begleiten, der Held, ehe er handelt, kann nur Liebe, Abneigung, Bewunderung, Haß erregen, *Ainsi il se pourrait très-bien que le principal personnage d'une pièce exitât de l'interêt, parce que son caractère est noble et sa situation touchante, et que la pièce manquât d'intérêt, parce qu'il n'y aurait pointd´alternative de crainte et d´espérance.* Uebrigens ist doch im Lear keine solche Alternative und interessiert doch. Im allgemeinen aber gilt's.

Bei der Vergleichung von Lesage und Walter Scott scheint er geneigt, dem letztern den Vorzug zu geben. Ich fürchte, die Nachwelt wird entgegengesetzter Meinung sein. Wenigstens was den *Gil Blas* betrifft.

Jawohl ist nach den mitgeteilten Proben Andrè Chenier ein Dichter und zwar ein besserer als einer der jetzt lebenden, wenn nicht gar das Muster, nach dem sich Lamartine und sohin vermittelst des letzteren auch Victor Hugo in seiner Lyrik gebildet hat.

Diese Gedanken eines Revolutionärs von 1830 sollten, wenn man sie schon drucken ließ, nicht auf so herrliches Papier und mit so viel Raumverschwendung gedruckt sein.

*Sur Voltaire. Son poème blafard de la Ligue, depuis la Henriade ... et son remarquable drame d`Oedipe,* zwei sonderbare Beiwörter in dieser Gegenüberstellung.

Der andere Gegensatz besser von Friedrich II. und *Voltaire: le despote-philosophe et le sophiste-poète.*

Das Absprechen über Worte wie die Encyklopädie steht dem jungen Menschen nicht sonderlich.

Der ganze Aufsatz sehr jung.

**(1836.)**

*p. XII. Sort l`étrange chanson, que chante sans flambeau.*

Wenn das keine Kakophonie ist!

Haschen nach Bildern.

*p. XIII. Qu`on voit sans en entendre encore les marteaux.*

Die beiden Gedichte Nr. 1 und 2 von denen auf Napoleon II. gewaltig schön.

Sind keine lyrischen Gedichte.

Warum?

Lyrik, Lyra, Leier. Fordern einen musikalischen Schwung. Worin besteht dieser? ...

An Canaris. Ein schönes Gedicht bis auf die prosaischen Stellen, die nie ausbleiben, wenn man mit halber Begeisterung schreibt, welche halbe Begeisterung die neuere Lyrik aller lebenden Nationen bezeichnet. Aber was ist Canaris, daß man sich seiner, außer Griechenland, mitten unter größern Interessen noch täglich erinnern sollte? Die objektive Wendung des Schlusses nicht ganz glücklich!

*L`homme, qui vend une femme.* Vieles schön gemacht, aber als Gewürz die Gemeinheit hineingestreut. Das wiederholte *juif*, die *soufflets entassès*, das *cracher au visage* widern an. Wie kann man auf das Gemein-Verächtliche ein Gedicht machen. Ich weiß wohl, daß auf Höhere dabei gezielt ist; aber was kann ohne empörende Unbilligkeit auf diese bezogen werden? Und die Hauptperson bleibt Deutz.

**(1838.)**

\*

## *Le Gerfaut* von Charles de Bernard.[8]

Viel Talent; bis endlich das Ganze gegen das letzte Drittel zu aus dem Nichtswürdigen in das Abscheuliche fällt. Zwei höchst prosaische Gedanken sind mir beim Lesen störend aufgestiegen. Erstens schien mir ein Dichter von Metier, wenn er nicht wenigstens ein Schiller oder Goethe, Shakespeare oder dgl. ist, unter der Würde einer auf wahre Leidenschaft basierten Darstellung zu sein; zweitens wunderte ich mich, daß der als körperstark und übermächtig geschilderte Ehemann sich das Vergnügen versagt, den Liebhaber – der nur *pour s`amuser* die Frau verführen will – erst tüchtig durchzuprügeln, und dann erst, der Form wegen, etwa zum Duell auszufordern. (4. November 1838.)

\*

## Le mutilé par X. B. Saintine.[9]

Die Geschichte eines jungen Dichters, dem Sixtus V. zur Strafe für eine Satyre beide Hände und die Zunge abschneiden läßt. Die erste Hälfte widerlich, revoltant, ja langweilig. Die zweite Hälfte gut. Der Schluß abgerissen, wirkungslos. Die neueren Franzosen gefallen sich in diesen abscheulichen Verhältnissen, aber Talent ist fast überall.

---

[8] Paris 1838.

[9] Paris 1834.

*

# Lucretia von Ponsard.[10]

**(1844.)**

Ich gestehe, daß ich von diesem Stücke, nach dem, was uns darüber in Journalartikeln, auch den lobenden, teils von vorneherein, teils nach der Aufführung kund geworden war, nur eine sehr geringe Meinung hegte. Ich habe es gelesen und kann nicht anders als mit wahrer Achtung davon sprechen.

Nicht als ob es ein eigentlich gutes Stück wäre. Das Geheimnis, derlei zu machen, scheint in ganz Europa verloren gegangen zu sein. Aber nur wer die Schwierigkeiten einer Sache nicht kennt, pflegt überstreng zu sein; wer sich selbst versucht hat, weiß auch das Annäherndgute zu schätzen.

Vor allem ist hier die Meinung zu berichtigen, als ob der Verfasser der Lucretia durch dieses Stück, im Gegensatze der romantischen Gattung, sich dem sogenannten Klassizismus zugewendet habe. Allerdings ist Zeitalter, Kostüme, Ausdrucksweise, Gesinnung – des Verfassers nämlich, nicht der Personen – dem Klassizismus entlehnt oder nahestehend; dagegen sind die Motive, Zwischenbegebenheiten, Haltung der Figuren, alles, was den pathetischen Teil der Handlung ausmacht, so völlig romantisch, daß diese Lucretia sich an die ersten Werke Victor Hugos: Hernani z. B,, vollkommen anschließt, ehe nämlich der letzgenannte, reichbegabte Dichter durch Widerspruchsgeist und die Eitelkeit, immer das Unerhörte zu sagen und das Niedagewesene zu bringen, zu jenen Verirrungen hingerissen wurde, die sein glänzendes, obwohl nie vorzugsweise dramatisches Talent völlig in Schatten zu stellen drohen. Bei Ponsards Bilde ist Leinwand und Grundierung klassisch, das Gemälde aber romantisch. Man bedenke selbst: dieser Brutus, oder vielmehr *Brute* (Vieh. Schon der Name ist ein romantisches Wagestück). – Also dieser Brutus, der nicht nur ein Verrückter, sondern auch der Lustigmacher des Stücks ist; überdies Hahnrei, und zuletzt eine unmögliche Person, weil ein Mann von Ehre und Gesinnung

---

[10] Im Hofburgtheater aufgeführt am 30. März 1844.

sich so viel Schmach doch nicht gefallen lassen kann; seine Gattin Tullia, die schamlose Maitresse des Prinzen; der Prinz selbst, der an die genialen Taugenichtse Lord Byrons, und die *Sibylla cumana*, die an die Hexe Walter Scotts erinnert, gar nicht des Erscheinens der Lucretia *post factum* im fünften Aufzuge zu gedenken; das sind denn doch bei Gott romantische Elemente! Als Beweis *a contrario* könnte man anführen, daß das Publikum Racines und Corneilles diese Lucretia gar nicht zu Ende hätte spielen lassen.

Dieses Ablehnen des Klassizismus soll übrigens weder als Lob noch als Tadel gemeint sein. Mit aller Verehrung der ausgezeichneten Dichter des *Siècle de Louis quatorze* ist doch das *Siècle de Louis Philippe*, das Jahrhundert der spanischen *pronunciamentos*, der Juli-Revolution und Daniel O'Conells von jenem erstern so himmelweit verschieden, daß an ein völliges Rückkehren der Empfindung zu jenen etwas chinesischen Formen gar nicht zu denken sein dürfte. Ponsard hat in dieser Beziehung einen glücklichen Mittelweg eingeschlagen und entweder er selbst, wenn er zur vollen Umsicht gelangt sein wird, oder seine Nachfolger auf demselben Wege können in Frankreich das eigentliche Trauerspiel wieder ins Leben rufen.

Um von der Form zur Sache zu kommen, so ist besonders der Hintergrund des Stückes als höchst glücklich behandelt zu bezeichnen. Ponsard hat ganz richtig eingesehen, daß der eigentliche Inhalt seines Trauerspieles die Vertreibung der Könige sein müsse, und in diesem Sinne spielt durch die leidenschaftlichsten Scenen die politische Beziehung unaufhörlich durch, ja selbst der alte Tarquinius, obschon nicht unter den handelnden Personen, reiht sich doch durch den Brief an seinen Sohn beinahe körperlich unter sie ein. Bewundernswürdig ist der Takt, mit dem er die staatsrechtliche Frage behandelt.

Die Gegner der Könige, obgleich wie natürlich republikanisch gesinnt, mischen dieser ihrer Gesinnung doch solche Elemente bei, daß sie dem jetzt in Frankreich herrschenden System kaum ein Aergernis geben können und dadurch das Aufreizende verlieren, das man jetzt in Deutschland so sehr liebt, dem aber jeder echte Dichter gern aus dem Wege geht.

Von den Charakteren ist vorher etwas abschätzig gesprochen worden, aber nur in dem Sinne, als ob sie klassisch aufgefaßt wären.

Ein wenig romantische Exuberanz zugegeben, ist gegen die Anlage und Haltung derselben wenig einzuwenden. Selbst die widerliche Tullia ist an sich betrachtet ganz gut, und im Stücke nur darum verwerflich, weil sie auf ihren betrogenen Gatten einen gar zu erniedrigenden Schatten wirft; vor allem aber, weil sie dramatisch ganz überflüssig ist. Für die Sibylla dagegen ist keine Gnade. Ebenso überflüssig als Tullia und noch dazu ohne Wirkung, verunstaltet sie den dritten Akt, der durch das vortreffliche Gespräch zwischen Brutus und Valerius so gut eingeleitet war.

Sprache und Verifikation scheint, soweit es einem Ausländer darüber zu urteilen erlaubt ist, vortrefflich. Wenn historisch-antiquarische Notizen sich mitunter zu breit machen, so muß man das der Unsicherheit des beginnenden Dichters zu gute halten.

Das Rhetorische in der Ausdrucksweise ist, wenn auch nicht der Poesie, doch im allgemeinen dem Bedürfnis des Theaters vollkommen angemessen. Trotz dieser Rhetorik aber geht ein solcher Faden von Empfindung durch den ganzen Dialog, es ist ein so sicherer, verteilender und vorbereitender Verstand in der Führung dieser Reden, daß man, besonders bei einem ersten Stücke, zur Bewunderung hingerissen wird.

Von einzelnen Scenen ist die zwischen Lucretia und Brutus im ersten Akte völlig willkürlich und daher undramatisch herbeigeführt. Daß Lucretia, die sich erst am Spinnrocken als gute Hausfrau gezeigt hat, nun, da ihr Gatte mit unerwarteten Gästen ankommt, nichts Dringenderes zu thun hat, als sich mit Brutus über dies und das zu besprechen, leuchtet nicht ein. Man kann Ursachen andeuten oder supplieren, aber der Verfasser hätte sie prägnant hinstellen sollen. Gegenwärtig ist die Scene dramatisch müßig. Ebensowenig Einfluß auf den Gang der Handlung oder auf die Gesinnung und Stellung der Personen hat die Einmengung der Sibylle. Dem Stücke einen doppelten Schluß nach Willkür der Direktion zu geben, ist unzulässig. Das Drama kennt keine Willkür. Jedes Stück hat möglicherweise nur *einen* Schluß. Was notwendig zu sagen ist, muß überall gesagt werden, und was nicht notwendig, muß überall wegbleiben.

Daß Herr Ponsard ein ausgezeichnetes Talent ist, hat er gezeigt. Ob er ein eigentlicher dramatischer Dichter ist, muß die Folge lehren. Er hat sich vor allem vor dem Parteigeist und den Anlockungen der sogenannten klassischen Partei zu hüten, vor dem Romanticismus wird ihn schon die Anfeindung der Romantiker selbst bewahren.

*

## Barante.

### (1837?)

Es ist etwas Desolates, etwas der Zeit und der Menschen Ueberdrüssiges in der Vorrede Barantes zu seiner *Histoire des Ducs de Bourgogne*.[11] – Er weiß, daß man keine Ueberzeugungen mehr hat, daß Meinungen ennuyieren, wenn nicht gar lächerlich machen, darum gibt er Fakta. Lieber Himmel! Die Alten, auf die er sich beruft, gaben auch Fakta; aber die Meinung war die Basis, die überall durchschimmert und eigentlich das Ganze trägt.

*

## S. de Sacy.

### (1856.)

S. de Sacy, *Variétés littérairés*, wenn er von der Zeit des verflossenen Jahrhunderts und der jetzigen spricht, sagt *T. 1, p. XL: Notre foi même à nous, n'est, que doute et incertitude, leur incrédulité même, à eux, était une foi.*

Derselbe, wenn er von Bayle spricht und von seinen Ausfällen gegen die Religion, wodurch er in den Verdacht der Gottlosigkeit gekommen: *Il est si rare qu'on aille jusqu'au bout de ses idées.*

Ich citiere das nicht, als ob ich Herrn S. de Sacy für einen guten Schriftsteller hielte, vielmehr finde ich ihn, soweit ich bis jetzt gelesen habe, ziemlich mittelmäßig, aber als ein Beispiel wie glücklich die Franzosen den prägnanten Ausdruck für derlei geistige Erscheinungen finden.

---

[11] Paris 1824.

Im Verfolg wird de Sacy besser, er hat ein moralisches, ja religiöses Gefühl, das bei den heutigen Franzosen ziemlich selten ist und immer auf eine gewisse Tiefe hindeutet. Sehr gut sein Aufsatz über Pascal.

Eine Stelle dieser *variétés* ist merkwürdig als Beweis von dem Werte, den die Franzosen dem Stile beilegen und die Mühe, die sie darauf verwenden, ist II 566:

*Les érudits n'ont pas le souci de la forme: le style, l'éloquence les préoccupent peu; il suffit qu'ils soient clairs et simples; or la forme, voilà ce qui épuise le poète, l'orateur, l'écrivain, c'est l'enfantement avec ses douleurs. Un mot coute plus a qui sait et a qui veut écrire que cent pages aux autres. – Ne dites pas: Travail puéril! Non, bien écrire c'est bien penser, c'est éclairer l'âme humaine dans ses dernières profondeurs avec le flambeau de la parole. Une expression forte et neuve, un tour qui peint, ont la valeur d'une découverte morale.* So wahr davon die eine Hälfte ist, so übertrieben ist die zweite. Dem eigentlichen Talent kommt der wahre Ausdruck *meistens* zugleich mit dem wahren Gedanken.

**(1821)**

Ein großer Teil der Beschränktheit der französischen Tragödie entspringt gewiß aus der vorherrschenden Neigung der Zuhörer, überall ein Lächerliches zu finden. Alles daher, was einen Doppelsinn veranlassen, was ins Komische gezogen werden könnte, muß von dem Dichter vermieden werden. Dadurch wird seine Aufgabe größtenteils negativ, und diese negative Kälte muß sich notwendigerweise auch auf sein Werk ausdehnen. Daher vermeiden sie auch so viel als möglich alle äußere Handlung, weil da ein einziger Mißgriff eines Schauspielers die ganze Wirkung des Stückes bei dem lachlustigen Publikum aufheben könnte. Solange den Franzosen diese Charakterseite bleibt, ist ihre Tragödie für sie die möglichst beste, und sie sollten sich hüten, durch Vermengung mit der ausländischen sich und ihre Dichter irre zu machen.

**(1822.)**

Daß die Franzosen so viele gute Opernbücher haben, und die Deutschen keine, ist wohl schon daraus begreiflich, daß eine Menge, besonders romantische, märchenhafte Stoffe, die der Deutsche sehr wohl zu Lust-, Schau- und Trauerspielen verarbeiten kann, für den Franzosen, bei seinen eisernen dramatischen Regeln, ganz unverwendbar bleiben, wenn er sie nicht auf dem Operntheater los werden kann.

**(Um 1836.)**

In Frankreich ist der Geschmack fürs Romantische und Gräßliche nichts Neues, er war schon früher da neben dem klassischen. Das Romantische in der Oper, das Gräßliche in den unzähligen Melodramen, an denen sich nebenbei auch die gebildete Welt ergötzte. Das Romantisch-Gräßliche hat sich nun in neuester Zeit mehr Raum gewonnen. Es ist wie die jüngere Linie der Bourbons, die die ältere verdrängt, und nun allein herrscht.

**(1838.)**

Die Franzosen sind die gebildetste europäische Nation. Nicht weil die Bildung bei ihnen vergleichungsweise die höchste Stufe erreicht hat, sondern weil das geistige Bedürfnis bei ihnen unter den meisten lebhaft ist. So waren die Griechen die gebildetste Nation des Altertums, gesetzt auch die geträumte Weisheit der ägyptischen Priester wäre wirklich und so überschwenglich gewesen als manche vorauszusetzen geneigt sind. Denn diese Weisheit war eben auf einzelne Klassen beschränkt, indes in Griechenland das ganze Volk unter geistigen Einflüssen stand.

**(1838)**

Die Franzosen hoffen mit einer Art Aberglauben alles von der deutschen Philosophie. Mit Unrecht, wie mir scheint. Den Deutschen bleibt von ihren Kreuz- und Querzügen, wenn sie auch kein aufweisbares Ziel erreicht haben sollten, doch immer der diätetische Nutzen des Wegs und der Bewegung. Was soll aber das Ganze denen nützen, die bloß nach Resultaten greifen wollen, wo keine sind? Nebstdem dürfte die deutsche Metaphysik, die den gesunden Menschenverstand als inkompetent zurückweist, den Franzosen leicht das Instrumentale kosten, das sie bisher so glücklich fürs Leben und die übrigen Wissenschaften benützten. Die gesunde Logik, worin eben die Schwäche der Deutschen und ihre eigene Stärke besteht.

**(1838)**

Punkte, worin es die Franzosen in der Litteratur den Deutschen vorausthun:

Logik,
Wärme,
Natur,
Praktischer Sinn,
Männlichkeit (nicht insofern sie dem Weibischen, sondern insofern sie dem Knabenhaften entgegengesetzt ist, denn weibisch oder geckenhaft sind sie oft).

**(1839)**

Die neuesten Franzosen verstehen wenigstens einen Stoff lebendig zu machen und stehen dadurch der Kunst immer näher als die Deutschen derselben Periode, die den bestgewählten Stoff in der Ausführung töten.

**(1852)**

Der Franzose will seinen Leser unterhalten, der Deutsche, der neuere nämlich, will ihn immer belehren. Ich bin jedem dankbar, der mich unterhält; wenn mich aber jemand belehren will, so seh' ich mir den Meister vorher zweimal an.

# 6. Studien zur englischen Litteratur.

## Shakespeare.

### (1823.)

Ewiger Kreislauf der Welt, auch der dramatischen. Mit Shakespeare fing die unsere an; im Shakespeare scheint sie auch untergehen zu wollen.

### (1849.)

Was das Eigentlichste von Shakespeares Geist ausmacht und ihn von allen andern Dichtern unterscheidet, ist: daß die empfangende oder reproduktive Seite seiner Natur die produktive weit überwiegt, oder, um es handwerksmäßig auszudrücken, daß der Schauspieler in ihm so thätig ist, als der Dichter. Die produktive Phantasie gestaltet und ist daher leicht mit einer Oberfläche befriedigt; die empfangende Natur aber geht als Empfindung in die Tiefe, und als Phantasie bildet sie zu dem gegebenen Ganzen das Einzelne und Stetige aus. Beide Seiten müssen wohl in jedem Dichter vereinigt sein, aber ihn nötigte der Schauspieler, sich mit den Personen und Situationen zu identifizieren und aus ihnen heraus zu dichten, statt in sie hinein. Er hat seine Personen gelebt, als er sie schrieb, und er war ebensosehr der Gesamtschauspieler seiner Stücke, als ihr Dichter, welches letztere Amt er der Geschichte oder der Novelle, meistens sogar einem früheren Schauspiele überließ, von denen er kaum abwich und sie nur im Innern bereicherte und erfüllte. Wie wenig er ein Dichter im gewöhnlichen Sinne des Wortes war, zeigen seine ersten lyrisch-epischen Versuche, die durchaus verfehlt sind. Venus und Adonis, bei einzelnen Schönheiten, plump bis zum Widerlichen, die Lucretia spitzfindig und gemacht. Erst als er als Schauspieldirektor anfing, Stücke für sein Theater zuzurichten, kam unbewußt sein eigentlicher Genius über ihn, und er ward der größte Dichter der neuern Zeit, indes er glaubte, nur sein Brot zu verdienen.

### (1855.)

Im Aufsatze über Shakespeare:

1. Er hatte keine Muster und Vorbilder. Er mußte alles selbst erfinden. Seine Form ist daher mehr natürlich, als kunstgemäß.

2. Er folgt immer genau seiner Erzählung, das Interesse des Stückes dauert daher nur so lange, als das Interesse der Erzählung.

3. Aus demselben Grunde ist er (mit Ausnahme der historischen Stücke) immer märchenhaft, d.h. ohne Berücksichtigung der prosaischen Wahrscheinlichkeit.

4. Er ist immer auf dem Wege der Natur, überspringt aber auf ihrem Wege häufig ihre Stufen.

**(1855.)**

Es dürfte Shakespearen vielleicht gegangen sein, wie dem Petrarca. Dieser erwartete den Nachruhm von seinen lateinischen Gedichten, legte also auf seine Sonette geringeren Wert, indes die Nachwelt erstere vergessen hat und nur die Sonette im rühmlichen Andenken behielt. Ebenso wäre möglich, daß Shakespeare seinen epischen und lyrischen Gedichten einen Vorzug vor seinen dramatischen Arbeiten gab, da er es dort mit den Gebildeten zu thun hatte, im Drama aber sich dem Geschmack eines mitunter ungebildeten Publikums fügen mußte. Die Stelle im Hamlet, wo dieser eine höchst schwülstige Tirade aus einem Trauerspiele als musterhaft recitieren läßt, deutete auf so etwas hin. Meinte er vielleicht, wie Lope de Vega, die Regeln einsperren zu müssen, um sich seinen Zusehern zu fügen, und war er ungehalten darüber, eigentümliche Meisterstücke geschaffen zu haben, statt Abklatsche von den Tragödien des Seneca? Man sage nicht: Shakespeare werde nicht blind gegen seine eigenen Vorzüge gewesen sein. Was der Mensch am vortrefflichsten gemacht hat, das meint er gerade recht gemacht zu haben, und Shakespeare wollte vielleicht nur als Schauspieler und Schauspieldirektor sein Brot verdienen und seinem Publikum gerecht sein, indes er in Tiefen der menschlichen Natur hinabstieg, die seinem durchdringenden Geiste eben nichts als Oberflächen waren. Daß er fast immer nur fremde Stücke bearbeitete und überarbeitete, konnte auch dazu beitragen, ihm und seinen Zeitgenossen den Gesichtspunkt zu verrücken. Letztere haben ihn ja, unmittelbar nach seinem Tode, hinter Beaumont und Fletcher zurückgesetzt. Was mich aber am meisten in dieser Meinung bestärkt, ist das Manierierte und Spitzfindige, ja Kalte in seinen lyrischen und epischen Gedichten, wo es in seiner Macht stand, lediglich *dem* zu folgen, was er für Schönheit und Kunst hielt.

## (1860.)

Shakespeares Zeit hatte von ihm keineswegs die große Meinung, die wir haben. Wenigstens wird Spencer in seiner Grabschrift *the prince of poets in his time* genannt. Da nun Spencer im Jahre 1596, nach einigen 1598 starb, so war er unzweifelhaft ein Zeitgenosse von Shakespeare. Es müßte nur sein, daß man damals überhaupt die Dichter fürs Theater nicht unter die eigentlichen Poeten zählte (was mir sehr wahrscheinlich ist), da sie doch auch mitunter für den Pöbel schrieben, weshalb denn wohl auch Shakespeare seine beiden, nicht sehr empfehlenswerten epischen Gedichte schrieb, um doch auch einen Rang in der gebildeten Welt zu haben. Auch seine Sonette erklären sich teils aus diesem Gesichtspunkte, teils als Ausdruck inneren Bedürfnisses aus sich selbst.

## (1861.)

Um Shakespeare zu rechtfertigen – da doch ein großer Teil seiner Sonette an ein *männliches* Individuum gerichtet sind – führen die Ausleger viele Stellen aus seinen Dramen an, wo das Wort Liebhaber *(lover)* von Mann zu Mann, für Freund, wohlgeneigt, ergeben gebraucht wird. In all diesen Fällen ist aber nie die *Schönheit* der Grund des Wohlwollens.

Die letzten dieser Sonette (sowie die sechs oder acht ersten) sind wieder an ein Frauenzimmer gerichtet. Sie sind aber auch die schlechtesten, spitzig und kalt. Man merkt aus ihnen, daß das Frauenzimmer nichtsnutzig war und Shakespeare alt; also auch wieder eine widerliche Empfindung. Man sollte überhaupt diese Sonette auf sich beruhen lassen. Sie können Shakespeares Ruhm nichts beifügen und, aufs beste gedeutet, nur Bedauern erwecken. Vor allem soll man sie nicht übersetzen. Man überlasse sie den Litteratoren, deren Straußenmagen alles verdaut.

**(1870.)**

In seinem 18. Sonette hat doch Shakespeare auch ein starkes Vorgefühl für künftige Größe.

**(1843.)**

Mir ist schon öfter die Vermutung gekommen, ob nicht Shakespeare, wenn er auch nicht selbst spanisch verstand, doch etwa durch einen Freund, der der Sprache kundig war, mit der spanischen dramatischen Litteratur in einigem Zusammenhang war. Was mir schon bei Lope de Vega vorgeschwebt hatte, ist mir jetzt wieder bei Lesung des Lope de Rueda vor die Seele getreten (*comedia de los engaños – comedie of errors*).

**(1867-)**

Es ist immer nur die Rede von den Verunglimpfungen, die sich Voltaire gegen Shakespeare erlaubt habe. Er war aber sehr empfänglich gegen seine Vorzüge, und erst als ein französischer Schriftsteller sich erlaubt hatte, Racine gegen ihn herabzusetzen, brach sein Unmut aus.

In dem Artikel *Intolérance (Dictionnaire philosophique T. III)* setzt er ihn in die Reihe der klaren Köpfe, welche die Intoleranz nicht kannten, unter die Newton, Friedrich den Großen, Locke, Leibniz. Und diese Leute gelten nicht wenig bei ihm.

### Hamlet

**(1819.)**

Man hat so viel über die Grundidee des Hamlet gesagt, mich hat nichts befriedigt. Vielleicht liegt die Ursache von der unglaublichen, unerklärlichen Wirkung dieses Stückes gerade zum Teil darin, daß der Faden, der durch dieses Labyrinth geht, so unsichtbar bleibt. Dadurch wird es zu einem getreuen Bilde der Weltbegebenheiten und wirkt eben so ungeheuer, als diese. Ein Geist erscheint und fordert zur Rache auf, er verweht wieder, beides scheinbar ohne Wirkung; die handelnden Personen werden nach allen Weltgegenden verschlagen; greuliche Dinge geschehen fast ohne Zweck; der Zielpunkt des Ganzen entrückt sich beinahe unsern Augen, und gerade jetzt, wo alles aufgegeben scheint, erfüllt sich das Geschick, alles mit sich fortreißend und verderbend. Shakespeare ist zu dieser scheinbaren Planlosigkeit offenbar dadurch gekommen, daß er seiner Gewohnheit nach die wüste Geschichte, Schritt vor Schritt, verfolgte. Der Instinkt seines Genies aber brachte jenen ungeheuren, obgleich losen Zusammenhang hinein, der ungleich wirksamer ist, als die Ideen, die in den Stücken der neuesten Mache auf Kosten der Handlung, wie Gespenster am hellen Tage, sichtbar und greifbar spuken. Aber freilich darf niemand wagen, *das* Shakespeare nachzumachen.

#### (1826.)

Wenn Tieck behauptet, Polonius habe anfangs die Liebe Hamlets zu Ophelien begünstigt, ja Hamlet habe Opheliens letzte Gunst genossen, so bleibt nach dieser Voraussetzung unbegreiflich, wie Polonius eine Unterredung zwischen beiden veranstalten kann, die er den König auffordert zu behorchen. Mußte der Vater nicht fürchten, daß Hamlet, dem die Anwesenheit der Lauscher unbekannt war, durch eine oder die andere Aeußerung dem Könige das doppelte Spiel seines Ministers verraten könnte? Würde sich ferner jemals Ophelia zu dieser Scene hergegeben haben, wenn sie fürchten mußte, daß ein einziges Wort des vormals begünstigten Liebhabers ihre Schande dem Vater und dem Könige bekannt machte? Wenn sie den Prinzen jemals in letztem Grade begünstigte und sich nun, auf Geheiß des Vaters, von ihm zurückzog, war es nicht natürlich, daß bei erster Gelegenheit, da er sie allein traf, ihr Hamlet das Vergangene in den bestimmtesten Ausdrücken vorwarf?

Ich beneide Tieck als Mensch und bedaure ihn als Dichter, wenn er die Wirkungen der Schwermut, des Zerfallenseins mit sich und der Welt so wenig kennt, daß er das Betragen Hamlets gegen Ophelien nur dadurch erklären zu können glaubt, daß er einen bestimmten Grund der Verachtung gegen sie in dem Prinzen voraussetzt. Im Brüten über seinem dunkeln Vorhaben versunken, ist für ihn die ganze übrige Welt nicht da, und wenn er sich ihrer erinnert, so geschieht es mit dem innersten Ekel gegen sie und alle ihre Verhältnisse. Seine Empfindung für Ophelien war gewiß nie viel mehr, als ihr Vater und Bruder gleich anfangs vermuten, nur daß das arme Mädchen leichte Neigung mit warmer Leidenschaft erwiderte. Die

Erscheinung des Geistes verwischte jede Spur jenes Eindruckes in dem Prinzen. Zu furchtbaren Dingen bestimmt, den Mächten jenseits des Grabes verbündet, hört jedes menschliche Verhältnis für ihn auf. Mit diesem Gefühle und mit tiefem Mitleid über das in seinen schönsten Hoffnungen getäuschte Kind tritt er zu Ophelien mit herabhängenden Strümpfen, unordentlicher Kleidung, in jenem jammernswerten Zustande, den Ophelia beschreibt. Wie wahr ist jenes Bild, aus diesem Gesichtspunkte betrachtet! Selbst der sinnliche Trieb, in solchem Zustande der brütenden Versunkenheit, hört auf, eine aktive Potenz zu sein, und verbreitet sich mit einer gewissen passiven Stumpfheit über die ganze Existenz. Als er nun noch das Zurückziehen Opheliens und das Auflauern des Vaters bemerkt, glaubt er wohl gar beide im Einverständnis mit seinen Feinden, und nun ist sein ganzes Betragen erklärt. Unter diesen Umständen bleibt Hamlets Benehmen gegen Ophelien zwar immer verletzend; wenn man aber eine vorausgegangene höchste Vertraulichkeit voraussetzt, wird es empörend, und Hamlet erscheint als ein roher Unmensch.

Wer in Ophelien die Unschuld nicht erkennt, der hat noch wenig Unschuld gesehen.

Wenn man Hamlet für gar so kleinmütig und unfähig für die That hält, die auf ihn gelegt ist, vergißt man denn, daß, da er Polonius durch die Tapete ersticht, er wirklich glaubt, den König zu treffen? Nicht ohne Kraft ist Hamlet, aber seine Kraft ist durch die Schwermut dekomponiert, durch die Schwermut, die, abgesehen von seiner natürlichen Gemütsbeschaffenheit, ihn überfallen mußte, wenn er nach dem Tode seines Vaters, voll schrecklicher Ahnungen, aber ohne Gewißheit, voll Abneigung gegen seinen Oheim, ohne eigentlichen Grund zum Hasse, mißtrauisch gegen seine Mutter und alle Welt, *zur Unthätigkeit verdammt*, seine Tage in ermüdendem Einerlei hinschleppte; dann, vergißt man denn, durch wie viel ihm die That erschwert wird? Seine Mutter, zum Teile Mitschuldige des Verbrechens, das er rächen soll. Der zu Strafende, sein Oheim, sein nächster Verwandter, der in seiner frühern Jugend ihm gewiß achtunggebietend gegenüberstand. Ferner soll die That in der Mitte der Anhänger des Tyrannen geschehen, und Hamlet hat sich nicht nur über einen geraubten Vater zu beklagen, sondern auch über eine geraubte Krone. Den Mörder töten und dann selbst getötet werden, konnte Hamlets Absicht nicht sein. Vielmehr, nach vollbrachter Strafe, die Krone selbst zu tragen.

Schwermut tritt nicht bloß bei Schwäche ein, sondern auch, wenn gleiche Gründe für und gegen eine Handlung sprechen, vornehmlich aber, wenn Aufforderung zur Thätigkeit da ist, aber kein bestimmtes Ziel. Da arbeiten sich alle Kräfte ab und erlahmen endlich. Eine solche Lage war jene Hamlets vor der Erscheinung des Geistes. *Nach* der Erscheinung ist jener Zustand einmal da, und bei wem je derselbe einmal habituell geworden ist, der weiß, wie schwer man ihn abschüttelt, ohne darum gerade schwach zu sein. Nur ein ungemischtes, rein bestimmendes Thatgefühl kann herausreißen; von welcher Art ist aber die That, zu der Hamlet durch das Gespenst aufgefordert wird? Wie viel spricht dagegen? Welche Interessen und Gefühle werden dadurch nicht verletzt? Ein solches Thätigkeitsziel kann einen Schwermütigen nicht bestimmen. So war Timoleon schwermütig ohne Vorwurf der Schwäche, nach der Ermordung seines Bruders, die er doch dem Grundsatze nach billigte, und blieb es (worüber ihn auch Plutarch hart anläßt) durch lange Zeit, bis die rein erhebende Bestimmung, Syrakus zu befreien, ihn seiner Schwermut auf immer entriß.

**(1841-1842.)**

Daß in der Eingangsscene von Hamlet der Hahn krähen durfte, zeigt schon den ungeheuren Unterschied zwischen dem damaligen Publikum und einem jetzigen.

**(1842.)**

Man hat so viel über den Hamlet geschrieben. Das Wort des Rätsels ist die Schwermut, in die der Mensch gerät, wenn er durch *gerechte* Bedenklichkeiten am Handeln gehindert wird. Kommt endlich der unabweisbare Moment der That, dann bricht das unterhöhlte Dasein zusammen und räumt den Platz der frischen rücksichtslosen Thätigkeit, die Fortinbras repräsentiert. Nicht als ob Shakespeare das gedacht hätte, denn derlei Abstrakta fallen einem echten Dichter beim Selbstschaffen nicht ein, es liegt aber zum Grunde, und wer außer dem Gemütseindruck noch eine Rechtfertigung braucht, mag nur diese dafür nehmen.

**(1854.)**

> Heaven forgive my want of charity!
> But, if I were to kill him, he should have
> No time to pray; his life could be no sacrifice,
> Unless his soul went too.
> *Shirley, The Cardinal, act IV.*

Dieselbe Gesinnung im Hamlet, wo er den König im Gebet findet, was ihm bisher als Kleinmut und Selbsttäuschung ausgelegt worden ist. Wie, wenn Hamlet überhaupt nicht so schwach wäre, als seine Ausleger, darunter selbst der große Goethe, voraussetzen? Als er den Polonius tötet, glaubt er wenigstens den König getötet zu haben. Aber seinen Oheim meuchelmorden (ein anderes Mittel gab es für ihn nicht) und seine Mutter für eine Metze erklären, ist doch keine That, vor der zurückzuschrecken einem edlen Gemüte schimpflich wäre.

Noch eine Stelle ist in demselben Stück, welche eine andere in Hamlet aufklärt. Im vierten Akt fechten Hernando und Columbo. Nachdem sie Gebrauch von ihren Waffen gemacht, ringen sie, wobei einer dem andern sein Schwert entreißt. Dieser rafft ein zweites Schwert vom Boden auf und sie fechten weiter. Diese Art sich im Zweikampf zu benehmen, erklärt den Vorgang zwischen Hamlet und Laertes im fünften Akt.

## Macbeth

**(1817.)**

Einer der vortrefflichsten und, soviel ich weiß, am wenigsten bemerkten Züge in Shakespeares Macbeth liegt in dem gerade umgekehrten Verhältnis des Anteils, den Macbeth und seine Gattin am Entschlusse zur That und dann an der That selbst nehmen. Shakespeare hat hier nicht bloß Macbeth und seine Gattin, er hat Mann und Weib überhaupt geschildert. In Lady Macbeths Seele ist im ersten Augenblicke der Entschluß reif. Sie ist das Weib, das nach Empfindungen, im Guten und Schlimmen, handelt. Macbeth sträubt sich lange gegen die Idee, obschon (wie richtig) alles, was er vorbringt, nicht sowohl aus der Tugend des Menschen, als aus der Ehre des Soldaten fließt. Lady Macbeth bestimmt ihn zur That. Aber jetzt, da gehandelt werden soll, kehrt sich auf einmal das Verhältnis um. Macbeth schaudert, aber handelt; sein Weib, die Entmenschte, die Verlockerin, war vor ihm in Duncans Zimmer, sie hatte die Dolche in der Hand – *had he not resembled my father as he slept, I had done't!* – Ich ärgere mich oft über mich selbst, daß ich die Idee, etwas zu schreiben, nicht aufgebe, wenn ich so was gelesen habe.

Eines fehlt meinem Gefühle nach im Macbeth. Die Erfüllung der Hexenprophezeiung an Banquo nämlich. Die Erscheinung Banquos in der Zauberhöhle, zugleich mit acht Königen, seinen Enkeln, leistet nicht genug, denn wer weiß, ob das wahr ist, was die da vorspiegeln. Wenn der entronnene Fleance am Schlusse des Stückes noch einmal eingeführt worden wäre, wie das doch leicht möglich war, so hätte eine einzige Rede Malcolms, wodurch er etwa dem Fleance (dem er durch irgend etwas verbunden sein könnte) eine Anwartschaft auf den Thron versichert, viel wirken und hierdurch gleichsam das Stück abrunden und in sich vollenden können. Ich meinesteils hätte mich vielleicht um die Geschichte nicht gekümmert, hätte Malcolm in der Schlacht fallen, Fleance statt Macduff Macbeths Schicksale erfüllen und ihn von dem dankbaren Volke zum Könige ausrufen lassen, wodurch freilich das wohlthuende Gefühl über die Wiedereinsetzung der Söhne des Gemordeten und die Wiedereinrichtung der aus ihren Fugen gegangenen Zeit weggefallen wäre. Zugleich ist zu bemerken, daß für Engländer, die überzeugt waren, daß ihr eben regierender König Jakob von Banquo abstamme, der Erfolg der Weissagung dalag und das Gefühl befriedigt war. – Man mag Shakespeare anzapfen, wo man will, es ist ihm nichts anzuhaben.

Welch glücklicher entsetzlicher Zug, daß Macbeth den schon eingeleiteten Mord Banquos seiner Frau verheimlicht, sie noch auffordert, ihn beim Mahl, zu dem er wohl weiß, daß Banquo nicht mehr kommen kann, aufmerksam zu behandeln. – Vielleicht ist Macbeth das größte Werk Shakespeares, das wahrste ist es ohne Zweifel.

Man hat sehr viel über die Gabe großer Dichter gesprochen, die verschiedenartigsten, ihrem eigenen Selbst fremdartigsten Leidenschaften und Charaktere zu schildern, und manche haben gar viel von Beobachtung und Studium des Menschen gesagt und gemeint,

Shakespeare habe in Bierhäusern, unter Karrenschiebern und Matrosen die Züge zu seinen Macbeths und Othellos zusammengesammelt und dann, wenn das Bündel voll gewesen, sich hingesetzt und ein Stück draus zusammengesetzt. »Ganz gut!« Das rühmen die Schüler allerorten.

Ist aber noch keiner ein Weber geworden! Ich glaube, daß das Genie nichts geben kann, als was es in sich selbst gefunden, und daß es nie eine Leidenschaft oder Gesinnung schildern wird, als die es selbst als Mensch in seinem eigenen Busen trägt. Daher kommen die richtigen Blicke, die oft ein junger Mensch in das menschliche Herz thut, indes ein in der Welt Abgearbeiteter, selbst mit scharfem Beobachtungsgeist Ausgerüsteter nichts als hundertmal gesagte Dinge zusammenstoppelt. Also sollte Shakespeare ein Mörder, Dieb, Lügner, Verräter, Undankbarer, Wahnsinniger gewesen sein, weil er sie so meisterlich geschildert? Ja! Das heißt, er mußte zu dem allen Anlage in sich haben, obschon die vorherrschende Vernunft, das moralische Gefühl nichts davon zum Ausbruch kommen ließ. Nur ein Mensch mit ungeheuren Leidenschaften kann meiner Meinung nach dramatischer Dichter sein, ob sie gleich unter dem Zügel der Vernunft stehen müssen und daher im gemeinen Leben nicht zum Vorschein kommen. – Ich wollte, irgend ein Dichter läse das!

**(1841-1842.)**

Wie wenig genau es das Publikum Shakespeares nahm, zeigt sich unter anderem in den beiden Edelleuten von Verona. Welche Uebereilungen und Unwahrscheinlichkeiten sich im fünften Akte häufen! Ein eigentlicher Zeitvertreib ohne Gemüt und menschliche Unterlage.

Man muß wirklich viel dem Modeton der Zeit zu gute schreiben, um die geblümten Redensarten im ersten Akt von Romeo und Julie nicht höchst abgeschmackt zu finden.

Daß der Wechsel der Leidenschaft in Romeo viel zu rasch und eigentlich undramatisch ist, wird wohl kein Vernünftiger leugnen. Shakespeare scheint es selbst gefühlt zu haben, indem er gegen alle Eurhythmie gerade an dieser Stelle und sonst nirgends im ganzen Stücke den Chorus einführt.

Möglich aber auch, daß der vorhergehende Tanz ziemlich ausführlich war und dadurch zu wechselnder Annäherung und stummem Spiele Anlaß gab, oder wohl gar Romeo mit Julien tanzte, worauf möglicherweise die Worte Juliens hindeuten: *a rhyme I learn'd even now of one I danc'd withal.*

Jede Zeitverlängerung, jede Annäherung, jede Berührung mildert das Schroffe, obgleich die Uebereilung an sich wahrer Empfindungswechsel einer der Hauptfehler Shakespeares ist.

*Much ado.* Es ist nicht sehr künstlerisch, daß im zweiten Akte beim Tanzfeste alle Weiber witzig sind, selbst die eingezogene Hero macht Spaß. Beatricens Figur gewinnt dadurch nicht.

Ebenso entsteht wohl die Liebe in Beatricen ein wenig gar zu schnell, sobald sie erfährt, daß Benedikt in sie verliebt sei.

Daß aber auch Claudio Witze reißt, nachdem er Hero tot und schuldig glaubt, ist denn doch zu viel.

Wenn der alte Leonardo hört, daß seine Tochter unschuldig sei, sollte man denken, er verlöre die Lust, erst noch eine besondere Attrape mit einer vorgeblichen Nichte vorzubereiten. So ist auch die Entwicklung, daß das Gespräch der beiden Schurken von der Wache gehört würde, höchst ärmlich. Die Aufgabe war aber, so viel Spaß zu machen als möglich. Und der Spaß ist wirklich gut.

### (1841-1842.)

Die lustigen Weiber von Windsor stehen in keinem besondern Kredit bei den Shakespearebewunderern. Ich finde es nichtsdestoweniger ein sehr lustiges Stück und manchem bewunderten vorzuziehen. Diese Masse von komischen Figuren, wie er die beiden Ehemänner im Gegensatz zu halten gewußt, mit dem Feenauftritte die Sache ins Poetische gezogen und endlich die wahre Liebesintrigue in den Spaß verwebt hat, das alles ist besser als manches andere.

**(1845-1846.)**

**Tempest.**

Die Scene, wo Miranda unter der Erzählung ihres Vaters einschläft, erinnert sehr auf die ähnliche Situation in den *Tres diamantes* von Lope de Vega, nur daß letztere unvergleichlich schöner und zugleich von Einfluß auf die Handlung ist; indes Miranda eingeschläfert wird, man weiß nicht warum, und ihr Schlaf keinen Einfluß auf die Handlung hat; öfter schon ist mir eingefallen, ob nicht Shakespeare vage Ueberlieferungen über das spanische Theater gehabt habe.

**(1826.)**

Welche Wahrheit in dem Verhältnis zwischen Antonio und Bassanio (Kaufmann von Venedig)! Antonio durch Charaktereigentümlichkeit, vielleicht auch frühe Verluste und Täuschungen, oder Versäumen des rechten Augenblickes unter Geschäften, für seine eigene Person vom eigentlichen Genusse des Lebens abgehalten, genießt es in der Person Bassanios. Er liebt, wirbt, hofft und leidet mit ihm und ist so besorgt, ihn den Kelch, der ihm selbst versagt war, ja ganz ohne Hefen trinken zu lassen, daß er, ganz im Widerspruch mit seiner sonstigen umsichtigen Denkungsart, die leichtsinnige Sorglosigkeit Bassanios vielmehr bestärkt. *I think, he only loves the world for him,* sagt Solanio Akt II, Scene 8.

**(1824.)**

In seinen streng historischen Stücken eilt Shakespeare oft sehr rasch über die wichtigsten Momente, Entschlüsse und Sinnesumkehrungen hinweg. Da sie, als unzweifelhaft und historisch gewiß, sich selbst rechtfertigen und seinen Zuschauern geläufig waren, so hielt er sich nicht lange mit ängstlicher Motivierung auf, z. B. im I. Teil von Heinrich VI. der Uebertritt Burgunds zur Sache der Franzosen. Ein Fehler gewiß, aber einer, dem man im historischen Drama, wo die Begebenheiten sich drängen und der Raum mangelt, überhaupt schwer entgehen kann. Ist aber auch der erste Teil (Heinrich VI.) von ihm? Warum nicht? Vielleicht eine seiner ersten Arbeiten, wobei der völlig undramatische Stoff seines Talentes spottete.

In der Unterredung zwischen Suffolk und Margareta ist Shakespeares genug.

**(1819.)**

Ein englischer Kunstrichter hat das scheinbare Paradoxon aufgestellt: Falstaff sei nicht feig. Er ist's eigentlich auch nicht. Er war gewiß in seiner Jugend herzhaft, sowie er bei seinem Verstande gewiß noch manche andere gute Eigenschaft besaß; aber die Lebenslust hat alles verschlungen. Der moralische Speck, mit dem physischen zugleich wachsend, hat ihn ganz in Behaglichkeit und Genuß eingehüllt. Seine melancholische Laune, von der er öfter spricht, ist nichts als das halbunbewußte Gefühl seiner Verkehrtheit. Hierin liegt wohl mit ein großer Teil der Ursache, warum uns Fallstaff, er mag thun, was er will, nie verletzt und so sehr unser Liebling bleibt, daß der Schluß des zweiten Teils von Heinrich IV. beinah nicht befriedigt. Uebrigens ist auch gewiß, daß über die Hälfte dieses letzten Stückes hinaus die erste Stärke der Begeisterung etwas von Shakespeare gewichen ist. Es ist auch hier alles vortrefflich, aber Shakespeare hätt' es noch besser machen können.

**(1857-1858.)**

Heinrich VIII. ist ein höchst wunderliches Stück. Man weiß nicht, ob Shakespeare dabei unendlich viel, oder ob er dabei (was den Gang des Ganzen betrifft) gar nichts gedacht hat. Im ersteren Falle, indem er die Inkongruenzen der menschlichen Natur, als wirklich, unvermittelt aneinander gereiht und das Amt des Dichters eben der Wirklichkeit überlassen hat; letzteres, dem Gang der Chronik bis auf die Ausdrücke folgend und alle Bedenken, als überflüssig, von der Hand weisend. Die Spitze des Ganzen ist denn doch die Geburt der Königin Elisabeth und die Reformation, und doch ist die einzige honette Person des Stückes die katholische Katharina, und sie stirbt geradezu als eine Heilige, indes der Bischof Cranmer, der Vater der Reformation, der einzige von den Geistlichen ist, der die durch Leidenschaft bedingte Scheidung des Königs gutheißt und billigt. Der Konig selbst mit seinen Gewissensbissen, die, wenn sie durchaus falsch wären, ihn zu dem verächtlichsten Heuchler machen würden, und wären sie wahr, so könnte er nicht am Ende jener Staatsversammlung, nachdem er eben erklärt, er würde, wenn über sein Gewissen beruhigt, mit Freude fort und fort an seiner Gattin festhalten, auf die aufschiebende Entscheidung der Kardinäle vor sich hin sagen: das Ding dauert mir zu lange; ich will den Bischof Cranmer zu Rate ziehen. Auch ist es eine wunderliche Schmeichelei für Elisabeth, ihre Mutter als ein alltägliches Geschöpf in jener Scene mit einer alten Dame hinzustellen. Und eine Schmeichelei ist ja im fünften Akte gemeint, die wahrscheinlich erst später auf König Jakob ausgedehnt wurde. Oder war es von vorneherein auf Jakob abgesehen, wie Macbeth? Dann erklärte sich das Ganze viel leichter.

**(1841)**

Gestern las Holtei den Julius Cäsar von Shakespeare. Man mag sich anstellen wie man will, es ist kein gutes Stück. Die ersten drei Akte vollkommen dramatisch. Aber von da an bricht's ab und das Interesse wird rein historisch. In dem Gespräche zwischen Brutus und Cassius (vierter Akt) ist eine Anknüpfung, daß Brutus allein der Sache willen handelte, indes die andern bloß von Selbstsucht oder Neid getrieben waren. Wenn dieser Gegensatz festgehalten und durchgeführt wurde, hätte es ein komplettes Ganzes geben können. Aber es verläuft sich wieder und das Stück endet als eine Begebenheit, statt daß es zur Handlung geworden wäre.

### Maß für Maß

**(1849.)**

Gervinus hat in seinem absurden Kommentar über Shakespeare nicht übel Lust, dieses Stück mit Othello in eine Reihe zu stellen, ja seiner albernen Ansicht nach, daß das Herausstellen des Lehrhaften den Hauptvorzug eines dramatischen Werkes ausmache, sieht er sich sogar genötigt, ihm Vorzüge vor jenem Meisterstücke Shakespeares einzuräumen. Nun hat aber Maß für Maß allerdings meisterhafte, unübertreffliche Züge, gehört aber darum doch nichtsdestoweniger unter die mittelmäßigen Stücke Shakespeares. Von vorneherein schadet dem Stücke, daß es auf absurde Voraussetzungen gebaut ist. Ein Gesetz, daß jeder, der sich mit einem Frauenzimmer fleischlich vergangen hat, mit dem Tode zu bestrafen sei, ist höchstens in Tausend und einer Nacht unter einem märchenhaften Kalifen denkbar. Dadurch bekömmt das Ganze etwas Willkürliches, das zwar in den ergreifenden Scenen verschwindet, aber doch immer dunkel nebenher schwebt, das Ganze zum Spiel stempelt und aus dem Leben auf die Schaubühne verweist. Das hat auch Shakespeare ganz richtig empfunden und in keinem seiner ernsthaften Stücke dem Komischen einen so beträchtlichen Raum gegönnt. Dieses Märchenhafte erstreckt sich auch auf den Verfolg der Handlung. Dieses Unterschieben Mariannens für Isabella und so manches andere kann man sich recht wohl gefallen lassen, um sein Vergnügen nicht zu stören; niemand wird aber glauben, ein Stück Leben vor sich zu haben, was doch eigentlich die Aufgabe des Drama ist. Das Hauptverdienst sind die Charaktere, namentlich der Isabellens, der allerdings unter das Vortrefflichste gehört, was Shakespeare je in dieser Art hervorgebracht hat. Nur hat es mit den Charakteren Shakespeares ein eigenes Bewandtnis. Alle sind gleich vortrefflich angelegt und werden auch ebenso gehalten, wenn es der Gang der Handlung erlaubt. Das ist auch mit seinen Hauptpersonen in seinen vortrefflichsten Stücken immer der Fall. In den Stücken zweiten Rangs aber legt er die Charaktere nach den hervortretenden Hauptbegebenheiten an, macht er sich kein Gewissen daraus, wenn er seine Lust an ihnen gebüßt oder das Bunte, wohl gar Absurde der Handlung ihrer Entwicklung im Wege steht, sie auf die Seite zu schieben und für eine Zeitlang ganz auf sie zu vergessen. Das ist ihm sogar, in einem seiner unbestrittenen Meisterwerke, mit der Figur der Lady Macbeth geschehen. Sobald sie ihren Zweck, den Gatten zum Mord anzuspornen, erreicht hat, schiebt er sie, weil er keinen Platz mehr für sie hat, beiseite, und sie bekommt dadurch bis zu ihrer letzten unübertroffenen Scene etwas Untergeordnetes, ja Aengstliches, was eben Tieck – der keinen Fehler in Shakespeare zugeben will und lieber das Ganze als einen kleinen Teil aufgibt – verleitet hat, sie für eine zärtliche Gattin und gute Mutter zu erklären. So ist es auch mit Isabellen. Von vornherein ist sie einer der herrlichsten Charaktere, die je ein Dichter in seiner Vegeisterung geschaffen hat. Daß sie hier auch schon Unanständigkeiten und Zweideutigkeiten ohne Zeichen des Widerwillens hinnimmt, wollen wir mit dem Charakter der Zeit entschuldigen, der allerdings minder ekel war, als der unsere; von dem Augenblicke aber, als Marianne auftritt und die Handlung ins Märchenhaftbunte übergeht, vergißt sie ihre frühere Strenge so weit, daß sie sich die unsäuberliche Vermengung ihrer Person mit der Mariannens, das Sündhafte des fleischlichen Vorgangs, ohne Widerrede gefallen läßt und höchstens zum Schluß wieder einen Weg in das Edle ihrer Natur findet. Ja, ganz zuletzt wird über die Charakterstärke, die sich früher dem klösterlichen Leben bestimmt, zu einer Heirat mit dem Herzog ohne viel Fragens verfügt. Auch der Charakter Angelos mit seinen unbestreitbaren guten Eigenschaften, die denn auch zum Schlusse bei seiner Begnadigung postuliert werden, im Gegensatz seiner Schändlichkeit und Wortbrüchigkeit, gehört so ziemlich ins Gebiet der Fabel und des Unmöglichen. Daß von allen Schuldigen zuletzt nur der mindest Schuldige, der plauderhafte Lucio allein bestraft wird, ist eine schreiende Satire auf den Titel: Maß für Maß. Selbst als Komposition betrachtet, ist das Stück fehlerhaft, durch den vierten Akt nämlich, der ganz inhaltlos und nur da ist, um die Handlung bis zum fünften Akt fortzuspinnen, welche Fünfzahl damals wohl kanonisch war, wie die vielen Totschlägereien im Trauerspiel.

Damit soll kein Tadel gegen Shakespeare ausgesprochen sein, der auch in diesem Stücke so viel Herrliches geleistet hat, daß es hinreiche, einen andern Dichter, als einziges, für alle Zeiten zu adeln. Der Tadel gilt jenen stumpfsinnigen Kunstrichtern, die, ohne Geschmack auf der Zunge und aus sachunkundiger Lobhudelei, sich an den naturwüchsigen Meisterwerken desselben Dichters versündigen, indem sie dieses Stück mit ihnen in dieselbe Reihe stellen.

## Othello

**(1849)**

Die Deutschen betrachten den Shakespeare als den vollkommenen Abdruck der Natur. Wenn sie ihn, und zwar mit Recht, über alle Dichter der neuern Zeit setzen, so ist es vor allem die Wahrheit seiner Dichtungen, die sie dabei im Auge haben. Nun ist merkwürdig, daß diese Naturwahrheit nicht überall und jederzeit gefühlt worden ist. Voltaire, ein so begabter Mann, als je einer in der Welt war, und dabei in einigen seiner Dramen ein nicht zu verachtender Dichter, hat ziemlich abschätzig von Shakespeare gesprochen, und wenn man ihn, nicht mit Unrecht, als befangen betrachten wollte, so war der zweitgroße Dichter Englands, Lord Byron, dem es an Sinn für Naturwahrheit keineswegs fehlte, von den Vorzügen seines großen Landsmannes nichts weniger als durchdrungen. Woher nun diese Verschiedenheit des Urteils in einer Sache, die sich doch jederzeit gleich bleiben sollte und gleich bleibt, wie Natur und Wahrheit? Zur Lösung dieses Rätsels bietet nun Othello, das psychologisch getreueste Bild menschlicher Leidenschaft, einen willkommenen Beitrag. Jagos Ohrenbläserei, seine abgerissenen Reden, der Kampf in Othello zwischen Liebe und Verdacht, nichts kann wahrer sein: so entsteht die Leidenschaft, so wächst sie, so steht sie endlich furchtbar da – aber nicht in so kurzer Zeit. Shakespeare gibt häufig ein *compendium*, ein *précis*, ein *abrégé* der Natur, statt der Natur selbst. Wozu kaum fünf Akte ausgereicht hätten, das wird hier in den Raum eines einzigen (des dritten) zusammengedrängt. Othello hat seinen Lieutenant entlassen, mehr der Dienstordnung zuliebe, als daß er ihm gram wäre. Er findet ihn, nicht ingeheim, sondern ohne alle verdächtigen Nebenumstände bei seiner Gattin, um ihre Vorbitte anzuflehen. Sie bittet wirklich vor. Was ist einfacher, natürlicher, unschuldiger? Und doch wird es Jago möglich, in dem Raum eines einzigen Aktes seinen Verdacht zu einer solchen Höhe zu steigern, daß der Rest des Stückes kaum noch etwas hinzufügt, als den Mord. Ich übergehe die Geschichte des Tuches, das für sich schon keine ernsthafte Prüfung aushält. Daß Desdemona ein so wertes, vielbedeutendes Liebespfand als gewöhnliches Schnupftuch gebraucht, dürfte wohl kaum als natürlich betrachtet werden. Shakespeare geht immer den Weg der Natur, er kürzt ihn aber häufig ab. Das ist zugleich die Wahrheit und Unwahrheit seiner Poesie.

Nicht anders ist es mit den Charakteren. Desdemona ist ein Engel an Reinheit, vielleicht der himmlischte Charakter, den ein Dichter je geschaffen. Wie kam es aber, daß diese zarte, furchtsame, kindisch anhängliche Natur heimlich aus dem Hause ihres Vaters entfloh? Man kann sich da ganz genügende Möglichkeiten denken. Wenn aber Shakespearen an der Wahrheit ihres Charakters lag, so hätte er durch Angabe des von ihm gedachten Verlaufes vor allem diese Inkongruenz aus dem Wege schaffen müssen. – Daß Jagos Charakter unmöglich sei, wird ziemlich allgemein zugegeben, und ich will es zur Ehre der menschlichen Natur glauben.

Da wären denn eine Menge Fehler! Wie kommt es denn aber, daß wir bei der Darstellung oder bei gehöriger Lesung von diesen Fehlern gar nicht gestört werden, daß sie wie lauter Vortrefflichkeiten auf uns wirken? Shakespeares Wahrheit ist eben eine Wahrheit des Eindruckes, und nicht der Zergliederung. Die Prägnanz der Ausführung, die Gewalt seiner Verkörperung ist so übermächtig, daß wir an die Möglichkeiten gar nicht denken, weil die Wirklichkeit vor uns steht. Die Gabe der Darstellung in diesem Grade hat alle Vorrechte der Natur, die wir anerkennen müssen, auch wo wir sie nicht verstehen.

Zu diesen Abkürzungen der Natur ist er aber wahrscheinlich durch sein Publikum gezwungen worden, die bunte Begebenheiten und keine psychologischen Weitläufigkeiten wollten. Zugleich durch den Inhalt seiner Stoffe, die er fertig vorfand, als Wirklichkeiten aufnahm und von denen er nur höchst selten abwich.

Wir aber, die wir ähnliches mit unendlich geringern Kräften anstreben, mögen uns dieser Fehler nur bewußt werden und in Shakespeare ein Vorbild, aber nicht ein Muster erkennen. Nur dem Gange des Genies folgt das Gefühl der Notwendigkeit auf dem Fuße nach; wir andern müssen Wahrscheinlichkeit und Folgerichtigkeit fest im Auge behalten und werden nur überzeugen, wo wir uns rechtfertigen können.

## (1821.)

Was mag Shakespearen wohl bewogen haben, seinem Jago (in Othello) nicht mehr als 28 Jahre zu geben? *I have looked upon the world for four times seven years* sagt er. Seine Verstellungskunst, seine Welt- und Menschenkenntnis schiene eher auf mehr Jahre, wenn auch nicht über 40, hinzudeuten. War etwa Shakespeare selbst noch nicht viel über 30, als er Othello schrieb? Ist aber seine Schurkerei nicht auch, obschon fein und durchdacht in den Hebeln, doch auch wieder unüberlegt in Bezug auf die Folgen, wenigstens in den entfernten, wie es nur einem *jungen raschen* Planmacher zukömmt?

## (1830.)

Daß zu Shakespeares Zeit die öffentliche Schaubühne bloß mit Tapeten umhangen war, scheint gewiß, ebenso, daß man von einer veränderlichen Scenerie damals noch keine Vorstellung hatte; aber aus Malones Geschichte des Theaters (*Appendix p. 365–86*) scheint hervorzugehen, daß bei Stücken, die vor dem Hofe gegeben wurden, die Bühne (*house*) dem Stück entsprechend bemalt war (*painted accordingly as might beste serve their several purposes*). Auch wird das Wort *house* für Bühne immer in der vielfachen Zahl gebraucht (*houses*), so daß man versucht werden könnte, es als gleichbedeutend mit unsern: Dekorationen zu nehmen.

**(1846.)**

Wenn die Stücke zu Shakespeares Zeiten (wie kaum zu zweifeln) nur zwei Stunden spielten (von 3 nachmittags bis 5), so folgt bei der Länge dieser selben Stücke notwendig: 1. daß die Zwischenakte beinahe Null waren, 2. daß die Reden nicht deklamiert, sondern nur, und zwar ziemlich schnell, gesprochen werden mußten.

**Vier Shakespearische Schauspiele von Tieck.**[12]

**(1836.)**

Eduard III.

Gute Gedanken, starke Situationen, aber mit einer solchen an Karikatur streifenden Schärfe, daß ich Shakespeare nicht für den Verfasser halten kann. Dieser Respekt vor des Kaisers Autorität liegt gar nicht in Shakespeares altenglischem, pedantereilosem Wesen.

Also dieses rohe, eigentlich leere Stück: Thomas Cromwell, soll auch von Shakespeare sein.

Wenn Cromwell anfangs im niedern Stande gezeigt wurde, mußte er zum Schluß im Glück enden. Wenn aber sein unglücklicher Tod der Abschluß des Ganzen ist, erscheint die Darstellung seiner früheren Niedrigkeit als gar nicht hergehörig, denn daß ein niedrig Entstandener elendiglich umkömmt, was ist da zu wundern daran?

\*

---

[12] Vier historische Schauspiele Shakespeares, übersetzt von L. Tieck. Stuttgart und Tübingen 1836.

# Beaumont und Fletcher.

**(1824.)**

Wenn man, auf die Autorität der ersten Herausgeber, von Shakespeare als etwas Besonderes anführt, daß er in seinen Werken nie etwas gestrichen und verbessert: so kann man dasselbe von Beaumont und Fletcher lesen, denen ihr erster Herausgeber das gleiche zweideutige Zeugnis gibt.

Nach ihren Todestagen berechnet, war Fletcher neun Jahre älter als Beaumont, letzterer noch nicht 30 Jahre alt, als er starb; und doch soll er der kritische Geist von beiden gewesen sein, der leitende, Fletcher nur ausgeführt haben? Möglich bleibt's freilich.

Ben Jonson soll alle seine Schriften vor der Bekanntmachung dem Urteile Beaumonts unterzogen haben.

XIX.

**(1825.)**

Beaumont und Fletcher haben das Wort *quietus* (Hamlets Monolog) ebenfalls. Im *Loyal subject*, Akt 2 am Schluß, wo Archas ironisch dem Herzoge dankt, ihn der Sorge der Aufbewahrung jenes geheimen Schatzes enthoben zu haben, sagt er:

> I humbly thank your highness;
> You have done more, and nobler, eased mine age, sir
> And to this care a fair quietus given.

**(1837.)**

### The beggars' bush.

Ein sehr gutes Stück. Vortrefflich erfunden und ebenso durchgeführt, besonders aber ohne die Roheiten und Unanständigkeiten, die sonst Beaumont und Fletchers beste Werke entstellen. Man macht den Verfassern den Vorwurf, sie hätten in dem Bettlerkönig und seinen Genossen den alten Herzog in Shakespeares: »Wie es euch gefällt« nachgeahmt. Es sollte mich aber wundern, wenn der Stoff zu *Beggars' bush* nicht einer Novelle oder gar einer Chronikerzählung entnommen wäre, wo denn die Nachahmung wegfiele. Die echt niederländisch-historischen Namen Florez und Jaculin (Jaqueline) lassen wenigstens so etwas vermuten. Ebenso erinnert Goswins Geldverlegenheit etwas an den Kaufmann von Venedig, die Situation ist aber zu allgemein, um an ein Vorbild zu denken. Eher hat Jaculins angenommener Blödsinn etwas Edgar-artiges. Das Abenteuerliche der vielen Erkennungen wird durch die Angabe des wahren Verhältnisses im Personenverzeichnisse gemildert. Mit besonderer Kunst ist die Enthüllung von Gertrudens fürstlichem Stande in den Mund des Usurpators gelegt in einem Moment, wo die Spannung dadurch eher vermehrt als der Knoten gelöst wird. – Ein sehr gutes Stück!

### (1837.)

*The spanish curate.* Die komischen Partieen sehr gut. Der Rabulist Bartolus und das Liebesverhältnis seiner Frau mit dem als Schüler verkleideten Edelmann. Der spanische Pfarrer selbst mit seinem Küster. Die Testamentsscene. Dagegen der ernsthafte Teil eigentlich abscheulich. Das Verhältnis der beiden Brüder. Das rachsüchtige Weib des ältern. Dazwischen der jugendliche Askanio licht hervorschimmernd, nur daß sein Charakter auf die Länge gar zu weichlich herauskommt. Die beiden gar nicht zueinander gehörigen Teile der Fabel durch die in den ersten hinüberspielende Figur des Bartolus nicht übel verbunden.

*The humorous lieutenant.* Die Titelrolle schmeckt etwas nach dem *Little french lawyer,* aber lange nicht so gut. Die Idee mit dem Liebestrank mochte zu einer Zeit, wo man derlei glaubte, ziemlich komisch sein. Die Streit- und Versöhnungsscenen zwischen dem Liebespaar mitunter willkürlich geführt aber wunderschön. Einige derselben, gegen den Schluß merkwürdig wegen ihrer ganz modernen Sentimentalität; das erste Auftreten dieser viel zu verschrieenen Erscheinung.

### (1869.)

Wenn wir heutzutage im Drama von einem Charakter verlangen, daß er sich gut-horazisch immer gleich bleibe, so war der Hauptreiz des alt-englischen Theaters, die Widersprüche der menschlichen

Natur, die Absprünge, die doch endlich in einen einheitlichen Weg zurückkehren. Hat gleich erst Ben Jonson das, was er *humour* nannte, erst deutlich herausgebildet, so kommen doch schon vor Shakespeare die Spuren davon nur zu häufig vor. Hamlet ist ein durchaus humoristischer Prinz (*humour* in diesem Sinne genommen).

In *Humorous lieutenant* von Beaumont und Fletcher kommt ein arges Specimen von dem vor: Celia, die durch das ganze Stück eine Mischung von Heiterkeit und Ernst ist, setzt das fort in der Zusammenkunft mit dem um ihretwillen todkranken Prinzen. Als er sich nämlich eifersüchtig zeigt, sagt sie:

> ...he's jealous
> I must now play the knave with him, though I die for 't; 't is
> my nature.

Es ist einmal in ihrer Natur! Obgleich es hier eine der widerlichsten Abscheulichkeiten ist.

## (1838.)

Welch sonderbares Stück, diese Bonduca. Keine Handlung, keine Verwicklung, kaum ein Stück zu nennen. Aneinander gereihte Scenen, Personen, denen jedem sein Recht widerfährt, als einzelne Figuren und Charaktere fast ohne Rücksicht auf das Ganze. Die beiden Töchter Bonducas, die widerlichsten Dinger von der Welt, bis auf die Sterbescene, wo die jüngere mit wahrer Meisterschaft behandelt ist. Ueberhaupt an vortrefflichen Zügen kein Mangel, der ganze Caratach samt Hengo sehr gut. Penius nicht weniger. Suetonius eigentlich großartig. Ueberhaupt merkwürdig, wie, da Tapferkeit der hervorstechendste Zug aller Personen des Stückes ist, die Verfasser Mannigfaltigkeit in die Darstellung derselben Eigenschaft bei so vielen Personen zu bringen gewußt haben. Wie roh sind diese englischen Stücke im allgemeinen, verglichen mit den gleichzeitigen der Spanier!

## (1838.)

Merkwürdig, daß die Zeitgenossen die *Keuschheit* von Fletchers Muse rühmen.

*Wit without money.* Ein halbverrücktes Stück. Roh, plump, unsittlich, ein treues Bild des affektierten Humors der damaligen Zeit, der seine Spuren selbst bis in die Shakespearischen Dramen nur zu sehr hinüberwirft. Und doch wunderschöne Einzelheiten. Das erste Gespräch zwischen Francisco und Isabella von einer gegliederten Innigkeit, die nichts zu wünschen übrig läßt. Der ganze Charakter der letztern von vornherein vortrefflich. Ebenso Francisco, bis endlich beide die Burschikosität des Ganzen mit sich reißt. Die übrigen Personen Zerrbilder aber auf wahrem Hintergrund. Uebrigens die ganze Zeit der Elisabeth ebenso maniert, als das poetische *Siècle de Louis XIV*, nur daß Roheit und Verrücktheit immer den Schein hat, der Natur näher zu stehen als die Geziertheit, ihr auch wirklich näher steht, aber von Seite der *parties honteuses.*

*The custom of the country.* Ein ganz vortreffliches Stück mit Rücksicht auf die Zeit und den damaligen Geschmack. Es ist überhaupt merkwürdig zu beobachten, wie die neuere Kunst, verglichen mit der alten, vom Unsinn und der Geschmacklosigkeit ausgeht, und das bunte, absurde Zeug sich nach und nach zu einer Richtung abklärt, die als völlig verschiedener Typus neben den Meisterwerken der Alten würdig und gewissermaßen selbständig bestehen kann. So ist's in der Baukunst, in der Malerei; am deutlichsten in der Musik, wo die ersten Versuche vom Unisono abzugehen und Intervalle sich gleichzeitig begleiten zu lassen, mehr dem Geheul wilder Tiere, als menschlichen Bestrebungen gleichen, und doch hat sich daraus der Kontrapunkt entwickelt und damit eine neue Kunst, ein neu entdeckter geistiger Weltteil, von dem die Alten keine Vorstellung hatten.

**The laws of Candy.**

Unsinn und Talent, Wahrheit in der Ausführung und Karikatur in der Anlage so gemischt, als in den meisten Stücken der Verfasser. Das ganze Streben geht immer davon aus, neue und starke Situationen herbeizuführen, die Art, wie, ist gleichgültig. Der alte Cassilane im Verlauf des Stückes vortrefflich. Anfangs und zum Schluß verrückt und willkürlich. Wie absurd die allseitigen Anklagen über Undankbarkeit im fünften Akt sein mögen, doch das Auftreten der sanften Annophel und ihre Anklage des Senats vortrefflich, sowie das Abtreten des letztern und die Ueberlassung des Richteramtes an den sanften und reinen Philander. Erota närrisch und das Vernünftigste, was sie im ganzen Stücke thut, daß sie nämlich ihren mit Unrecht verschmähten Liebhaber zuletzt heiratet, stört doch an dieser Stelle die Wirkung des Ganzen. Die Scene, wo Philander für Erota um Antinous' Liebe wirbt, an sich wunderschön, aber daß er sich dazu entschließen kann, eigentlich albern. Ueberhaupt geht die Anlage aller dieser Stücke nur vom Verstande (der Unverstand, als die Negation, gehört ja auch in das Gebiet der Affirmation) und von der Phantasie aus, die Empfindung ist nirgends thätig als in der Ausführung des Einzelnen, wo sie aber oft genug glänzend und wahr hervortritt. Ein rohes und neuigkeitlustiges Publikum mußte wohl indirekt diesen Ton hervorbringen.

**(1840.)**

**The faithful shepherdess.**

Die englischen Kritiker mögen noch so sehr preisen, es bleibt doch ein langweiliges Stück, wenn auch mit hübschen Versen und glücklichen Stellen. Offenbar dem Sommernachtstraum nachgebildet, aber tief unter ihm, sollte dieser auch nicht ganz so vortrefflich sein, als wieder die deutschen Kunstrichter glauben. Das Bestreben, die Eintönigkeit der schäferlichen Welt durch verschiedene Haltung der Charaktere zu heben, recht löblich, aber teils fallen mehrere der Charaktere wieder so ziemlich in eins zusammen, oder nähern sich wenigstens mehr als billig, teils ist von dem Absurden in Gesinnungen und Begebenheiten ein gar zu freigebiger Gebrauch gemacht. Diese ewigen Verwundungen und Heilungen, wenn man auch die Personenverwechslung zugeben will, machen sich doch zu albern. Uebrigens die Haltung der Clorin als Hintergrund des Ganzen (bis sie gegen Ende das Gleichgewicht verliert) recht gut. Mir ist der *pastor fido* nicht gegenwärtig genug, um zu wissen, wie weit er ihn etwa benützt.

*The mad lover.* Sollte lieber *The mad author* heißen. Das ist der größte Unsinn, den je eines Menschen Feder niedergeschrieben hat. Die Grundlage von Memnons Charakter gut, bis auf seinen Wahnsinn, der vielmehr ein Unsinn ist. Das Schlachtlied im vierten Akt übervortrefflich. So auch das Gebet an Venus gut. Das Ganze aber rein toll. Und doch sagt die Vorrede, daß es ein Lieblingsstück des Publikums im 17. Jahrhundert war.

**(1842.)**

Der Pilgrim ist gewiß eins der schlechtesten Stücke von Beaumont und Fletcher, Wie vortrefflich aber die Scenen im Irrenhause; wie meisterhaft, wenn Alphonso als Narr zurückgehalten, an sich selbst zu zweifeln und die Möglichkeit zu begreifen beginnt, daß er, der eben in der heftigsten Aufregung war, wirklich verrückt sein könnte.

*

## Swift.

**(1822.)**

Etwas rein Witzigeres als die Vorrede Swifts zu seinem Märchen von der Tonne ist wohl noch nicht geschrieben worden.

Der Anthropomorphismus der Phantasie zeigt sich unter andern auch beim Lesen von Gullivers Reisen, da wo er im Riesenlande sich befindet. Um sich die Eingebornen nur nicht über alles Maß ungeheuer denken zu müssen, stellt man sich Gullivern, von dem wir doch wissen, daß er in unserer Größe war, als einen fingerlangen Däumling vor.

Wie kommt's, daß beim Betrachten des Kupfers zu diesem Teil der Reise ich mir die umherstehenden Brobdingnager als Menschen von gewöhnlicher Größe denke, Gulliver aber als einen Zwerg; statt diesen für einen Menschen von gewöhnlicher Statur und jene für Riesen, wie sie es doch wirklich sind.

(Vielleicht weil wir gewohnt sind, Zwerge zu sehen [die Kinder], Riesen aber nicht.)

Unter die Vorzüge von Gullivers Reise, und was dessen Wert in künstlerischer Hinsicht über den des Märchens von der Tonne erhebt, gehört auch, daß die Allegorie darin nicht immer gerade den gemeinten Gegenstand haargenau deckt, sondern manchmal etwas weiter, manchmal wieder enger ist, überhaupt nicht immer gerade bei der Stange bleibt und wohl auch bis zum freien Scherz geht. Dieses gibt dem Ganzen, wenigstens in der ersten Hälfte, nebst dem Angenehmen der satirischen Beziehung, zugleich eine selbständige Lebendigkeit, die sehr wohlthuend ist. Für mich gibt es nicht leicht etwas Marternderes, als eine lang fortgesponnene strengbeobachtete Allegorie, wo man das, was man vor sich hat, immer erst vernichten muß, um überhaupt etwas zu haben. Wie gefährlich ist überhaupt alle Allegorie in der Kunst! Wie unrecht thun die Deutschen der neuesten Zeit, sich ihr so zuzuwenden!

**(1839.)**

Der Vorzug von Swifts politischen Schriften nicht immer eine scharfe Logik. Witz und Leidenschaft vertreten nur zu oft ihre Stelle. Die Beweise *ad hominem* stark vor allem.

**(1840.)**

> Hated by fools, and fools to hate,
> Be that my motto and my fate.
> *Swift to doctor Delany* Vol. 14, p 433.

Swift, so wenig Dichter er in seinen schwunghaften Versen ist, so sehr ist er es in den satyrischen. Nicht sowohl des schlagenden Witzes wegen, denn der gehört doch mehr der Prosa an, aber wegen des Lebendigen, besonders aber der Bildlichkeit seiner Darstellung. Alles gewinnt Körper unter seiner Hand und man kann wohl sagen, daß bei keinem Schriftsteller wie bei ihm die zersetzenden und konstruktiven Fähigkeiten des Geistes so Hand in Hand gegangen sind. Man kann in gleichem Maße dasselbe kaum von Aristophanes sagen, denn einen gewissen Grad von Objektivität findet der dramatische Dichter schon in der Form seiner Kunst; er setzt Gestalten voraus, die der Lyriker erst schaffen muß, und dann ist die Erfindung und Abrundung der Fabel eben nicht die größte Stärke des Atheners. Wodurch übrigens seinen sonstigen Eigenschaften nicht das geringste benommen sein soll.

If honour I would here define
It answers faith in things devine.
*Swift to Stella* XIV, 510.

Wenige sind in der Entwicklung nicht nur der Begriffe, sondern auch der Empfindungen so glücklich als Swift und wenige haben dieselbe Leichtigkeit, das scharf Bestimmte so prägnant in Versen auszudrücken.

Namentlich ist jenes Gedicht ein Meisterstück in Gedanken, Empfindung und Ausdruck.

## (1840.)

Ob die Herausgeber von Swifts Werken recht gethan haben, jene schmutzigen *Rätsel* mit aufzunehmen, deren Verfertigung dem nahe an sechzig Jahre alt gewordenen Dechant von St. Patrick Vergnügen machte? Ich glaube, ja. Denn so unendlich weh sie mir gethan haben, so steckt zugleich eine große Lehre darin. Wohin man nämlich mit den höchsten Geistesgaben gelangt, wenn die Herzensbegeisterung fehlt. Aber weh hat's mir gethan, denn ich war wirklich auf dem Wege, Swift, trotz mancher Gebrechen, eigentlich zu verehren.

## (1856.)

Für den Wert des Menschen (Weibes?) ist die Güte des Charakters allerdings das Höchste, aber für das Zusammenleben, namentlich das nähere und nächste, ist Humor und Temperament beinahe noch wichtiger. Eine ähnliche Betrachtung mag bei Swift obgewaltet haben, wenn er von Stella sagt:

Your virtues all suspended wait
Till reason hath open'd reason's gate.

Ich habe jetzt das Gedicht nachgelesen, aus dem Walter Scott in seiner Biographie Swifts jene anderthalb Verse citiert, und ich habe ganz recht geraten. Die übergroße Lebhaftigkeit, die Reizbarkeit zum Zorn, die Hartnäckigkeit im Behaupten war es, was Swiftn, trotz aller vortrefflichen Eigenschaften Stellas, das Zusammenleben mit ihr unmöglich machte. Und doch war sie schon 36 Jahre alt, als er jenes Gedicht schrieb, so daß man wohl glauben kann, daß die Thore der Besonnenheit ihr für immer verschlossen blieben. Auch die irgend sonst wo vorkommende Beschreibung ihrer Gestalt: ihr schwarzes Haar, die strahlenden dunkeln Augen, die Bewahrung der Wohlgestalt über die gewöhnliche Zeit hinaus, stimmen sehr mit einem andern Bilde überein, das leider dieselben Fehler bei gleichen Vortrefflichkeiten besitzt.

Was sein allerdings nicht zu rechtfertigendes Verhältnis zu Stella und Vanessa betrifft, so kam er mit beiden zuerst als Lehrer in Berührung und er ist wahrscheinlich sehr überrascht gewesen, sein inniges Wohlgefallen durch geschlechtliche Leidenschaft erwidert zu sehen. Sein Benehmen gegen beide entsprang aus dem Hinausschieben, der Schoßsünde derjenigen, welche Ruhe suchen und für wichtigere Zwecke brauchen.

**(1856.)**

Bei Swift ist, soviel ich mich erinnere, eine einzige Stelle, aus der man sieht, daß er Shakespeare gekannt hat. in *Cassinus and Peter* die Worte aus Macbeth: *Avaunt! ye cannot say 'tis I.*

*NB.* Es sind noch mehrere Stellen, obwohl Walter Scott behauptet, es gäbe keinen einzigen Fall.

**(1856.)**

> Fifteen of our society dined together under a canopy in an arbour at Parson's Green last Thursday, I never saw any thing so fine and romantic.
> *Swift's Journal to Stella*, lett. 47.

Ich war erstaunt über den Gebrauch des Wortes *romantisch*, genau in unserem Sinne. Kommt es in jener oder in früherer Zeit auch sonst vor? Etwa bei Shakespeare? Ich erinnere mich nicht. Bei dieser Gelegenheit: Walter Scott versichert, Swift erwähne Shakespeares nie. Ich habe wenigstens vier oder fünf Anführungen aus dessen Trauerspielen gefunden, worunter besonders eine aus Heinrich *VIII.*, die man nur mit dem Buche an der Hand machen konnte, da es eben keine hervorragende Stelle ist.

**(1869.)**

Es ist merkwürdig, daß Swifts *polite conversation* sich beinahe in nichts unterscheidet von dem Dialog in Shakespeares Lustspielen, so daß zweihundert Jahre nichts beigetragen haben zur Milderung der Roheit in England.

*

## Lord Byron.

**(1822.)**

Was Goethe (Leben 2,104) von Wieland sagt, kann in weiterm Verstande auch wohl für Byron gelten. Man verzieh dem Autor, wenn er das, was man für wahr und ehrwürdig hielt, mit Spott verfolgte, um so eher, als er dadurch zu erkennen gab, daß es ihm selbst immerfort zu schaffen mache.

**(1834.)**

Lord Byron ist nicht der erste, der Kain in metaphysischen Zweifeln befangen sein läßt. Bayle führt Schriftsteller an, welche Meinungsverschiedenheiten über die göttliche Gnade, Belohnung und Strafe nach dem Tode den Anlaß zu jenen Zwistigkeiten zwischen den beiden Brüdern sein lassen, die so tragisch mit dem Tode Abels endigen.

**(1838.)**

Unter die merkwürdigsten Erscheinungen gehört die verhältnismäßig geringe Achtung Lord Byrons für Shakespeare: des zweitgrößten englischen Dichters für den ersten, Tieck oder ähnliche Fasler werden sich leicht mit der Annahme zufriedenstellen, daß der mindere Geist eben den höhern nicht begriffen habe. Da genannte Fasler nun aber selbst Shakespearen zu verstehen behaupten und Lord Byron ihnen in jeder geistigen Befähigung himmelweit überlegen war, so muß doch ein anderer Grund dieser Nichtbeachtung aufgesucht werden.

Es ist auch ein anderer Grund. Er liegt teils in der Geistesselbständigkeit, teils in der völlig modernen Richtung Lord Byrons. Jene Selbständigkeit machte, daß alle seine Ueberzeugungen genau aneinander hingen und nichts in seinem Innern Platz hatte, was nicht aus ihm selbst hervorgegangen war. Er kannte als Engländer die Alten und schätzte sie hoch, schon um der ersten Jugendeindrücke willen, dann weil nur ein Tier sie nicht hochschätzen kann. Man hat aber alle Ursache zu glauben, daß er sie auf dieselbe allgemein menschliche Weise sich aneignete und zurechtlegte, wie die großen Geister der französischen Schule gethan hatten und die praktischen Köpfe der englischen Öffentlichkeit noch gegenwärtig thun. Seine Verehrung für Pope scheint darauf hinzudeuten, daß er gegen die Art, wie dieser Geschmacksmann mit Homer umgegangen war, nicht viel einzuwenden hatte. Indes wir Deutsche an den Alten vorzüglich das beachten, wodurch sie sich von uns unterscheiden, was kulturhistorisch gewiß das Richtigere ist, heben andere Nationen an ihnen das heraus, was sie mit uns gemein haben, wodurch sie zu praktischen Mustern werden und in die fortschreitende Bildung eingreifen, indes sie bei uns gewissermaßen zu Hemmnissen geworden sind und nur in der isolierten Betrachtung, aber freilich um so herrlicher dastehen. Niemand, seit die Welt steht, allenfalls mit Ausnahme Shakespeares, ist weniger Pedant gewesen, als Lord Byron, und das führt auf seine zweite Eigenschaft: seine durch und durch moderne Richtung.

Letzteres kommt aber daher, daß Lord Byron eigentlicher Empfindungsdichter ist, nicht zu verwechseln mit Gefühlsdichter. Denn Gefühl und Empfindung sind verschieden. Das Gefühl ist sympathisch, die Empfindung monopathisch. Ersteres bezieht alles auf den Gegenstand und liebt oder verabscheut, letzteres auf das eigene Selbst und billigt oder mißbilligt. Das Gefühl ist zunächst mit dem Begehrungsvermögen verwandt, die Empfindung mit dem Erkenntnisvermögen. Das erstere wirkt unbewußt, das zweite unterscheidet die Momente des Eindrucks. Sie verhalten sich zu einander wie der unartikulierte Aufschrei und die artikulierte Rede. Das Gefühl gehört dem Dichter als Menschen, das zweite ihm als Dichter.

*

## Moore, Wanderungen eines Irländers zur Entdeckung einer Religion.[13]

(1834.)

Wenn die Kirchenväter der ersten Zeit sich über die wichtigsten katholischen Glaubenslehren nur unbestimmt und dunkel äußern, so schreibt Moore es der *diciplina arcani* oder dem Grundsatze der Verheimlichung der Lehre vor den Feinden und Spöttern zu. Auf diese Art ist die Verteidigung des Symbolums freilich leicht.

Die Einkleidung, die Moore gewählt hat, recht glücklich, daß nicht ein eifriger Katholik seinen Glauben verteidigt, sondern einer, der Gründe zum Abfall sucht, zur Rückkehr bewogen wird.

Das Dasein jener *disciplina arcani* übrigens durch jene Stelle aus Cyrillus p. 59 allerdings erwiesen. Wir erklären den Heiden nicht u.s.w. Obschon, warum schrieben sie denn überhaupt theologische Bücher, wenn so wichtige Glaubenssätze als: daß Jesus Christus Gottes Sohn sei, aus Bedenklichkeit verschwiegen wurden?

Freilich beweist er, daß die katholische Lehre vom Abendmahle wirklich die (wenn auch nicht Christi und seiner Apostel) doch jene der ersten Kirche gewesen sei. Zugleich geht aber die Abscheulichkeit daraus hervor, daß diese Ansicht eine echt menschenfresserische, daß es die war: Christi wirklicher Leib werde, Mensch von Menschen wirklich gegessen. Darum thaten jene Christen damit so geheim und nannten es ein: schreckliches Geheimnis.

Man könnte eine Braut von Korinth schreiben und die Handlung in diese Zeit verlegen. Vater und Bräutigam Heiden, sie Christin. Sie schweigselig, wie die Katechumenen damals waren. Sie leidet als Christin den Tod und erscheint dem Bräutigam in der Schlafkammer und führt ihn, der sie für lebend hält, in die Versammlung der Christen, wo er ihren Gebräuchen beiwohnt und sich selbst von der Irrigkeit seiner Meinungen über sie überzeugt. Da kommt jemand, anzuzeigen, daß jene heimliche Christin, des Jünglings Braut, ermordet gefunden morden sei. In demselben Augenblicke ver-

---

[13] London 1833.

schwindet das Mädchen an seiner Seite. Wie sie dann tot liegend gefunden wird.

Die *disciplina arcani* über die Eucharistie und die Dreieinigkeit. Aus Furcht vor Bestrafung durch die Menschen, wie Tertullianus sagt.

Im vierten Jahrhundert, durch Konstantins Toleranzedikt ermuntert und bald darauf durch den entstehenden Arianismus genötigt, wird die *disciplina arcani* hinsichtlich der Dreieinigkeit allmählich aufgehoben.

S. 104 die Lehre vom *alleinseligmachenden* Glauben ziemlich deutlich gepredigt.

Die Art, wie er S. 109 von Luther spricht, eigentlich mönchisch-miserabel; ebenso S. 122, wo er mit Simon Magius zusammgestellt wird.

Sollten denn diese »Wanderungen« wirklich von dem Verfasser der Lallah Rookh, von einem Freunde Byrons sein? Die Anlage ist ingenios. Das Buch interessant, aber (wenn es von Moore ist) wie phantasielos jener Traum, in dem er sich in die ersten Zeiten der Kirche versetzt sieht; wie gemein zelotisch sein Eifer! wie reizlos jene Parodie von dem homerischen χαιρ Ιθαχη.

Meinung der Gnostiker, daß der Gott des Neuen Testamentes ein von jenen des Alten ganz verschiedenes Wesen sei.

Die Emanationen, Aeonen.

Der Gott, der Christus gesendet, ein wohlwollendes weises Wesen, Jehovah oder Demiurgos aber ein unwissender, ungerechter, rachsüchtiger, inkonsequenter Gott.

Ebenso nahmen sie zwei Messias an, den von den Juden erwarteten und Christus., Ihr Haß gegen alles Jüdische. Die Ophiten, die glaubten, daß vor Christus alle Leidenden Opfer eines ungerechten Gottes gewesen seien, weshalb sie besonders Kain verehrten, vor allem aber die Schlange, die den Menschen die Täuschung des grausamen Judengottes verraten habe. So auch Judas hochgehalten, der die Heilsamkeit von dem Opfertode Christi eingesehen.

Der zweite Teil, die neuere Zeit umfassend, äußerst abgeschmackt und langweilig.

*

## Walter Scott.

### (1841?)

Walter Scotts Poesie eine *Wahrnehmungspoesie*, im Gegensatz der *Anschauungspoesie*.

Man ist so weit gegangen, Walter Scott mit Shakespeare zu vergleichen, ja wohl gar zusammenzustellen. Etwas Verrückteres läßt sich wohl nicht leicht denken! Gerade das, worin man sie verwandt finden will: die Charakteristik, begründet die ungeheuerste Verschiedenheit. Alle Charaktere Shakespeares haben das bestimmteste Leben; durch eine geniale Anschauungsgabe, einen Blick in die innerste Werkstätte der menschlichen Natur aufgefaßt, entwickeln sie sich mit einem eigentümlichen Organismus, sie sind da; selbst ihre scheinbaren Widersprüche gleichen sie durch die siegende Beweiskraft der Existenz aus. Shakespeare gab seinen Personen keine Charaktere, sie stellten sich ihm schon mit einem vollständigen Charakter begabt vor. Scott macht Charaktere: manchmal mit mehr, manchmal mit weniger Geschick; immer will er vorher, eh er schafft, und seine gelungensten Züge können die Absicht nie verleugnen. Er ist ein scharfer Beobachter; was er beobachtet hat, weiß er lebhaft und gewandt hinzustellen, aber jede seiner Personen ist, genau betrachtet, eine Mehrheit von Zügen, die erst ein ordnender Verstand zur Einheit gebracht hat, indes bei Shakespeare alles aus der Einheit der innern Anschauung hervorgeht, und aus dieser erst die Mannigfaltigkeit der oft scheinbar widersprechenden Eigentümlichkeiten hervorgeht. Was man durch Welt- und Menschenkenntnis, durch Studium der Geschichte und Psychologie, durch Beobachtungsgeist und Scharfsinn erlangen kann, hat Scott alles, und er sei gepriesen um deswillen! Aber der eigentliche Mittelpunkt, das unerklärte Lebensprinzip fehlt seinen Figuren, und er kann von dieser Seite keineswegs auf eine hohe Stufe Anspruch machen. Seine Personen scheinen daher auch nur bestimmte Charaktere zu haben, so lange er sie beschreibt, so lange sie in Ruhe sind, so lange von ihnen gesprochen wird; sobald sie handeln, schüttert der zusammengetragene Bau, und sie beurkunden immer mehr und mehr ihren Ursprung: den *Begriff*.

Was die Anordnung der *Fabel* betrifft, so sind mir die Details darüber nicht so gegenwärtig, da ich leicht vergesse, was ich ohne besondern Anteil lese. Meistens scheinen aber die Begebenheiten interessant zu sein (wobei freilich nicht entschieden wird, ob sie diesen Vorzug der Erfindungskraft des Verfassers oder der Treue des Chronisten verdanken, aus dem sie genommen sind). Die Verknüpfung derselben ermangelt selten der Konsequenz.

In Bezug auf die *Darstellung* ist zwischen der Schönheit der Form und der Lebendigkeit und Wirksamkeit zu unterscheiden. Erstere hat vielleicht noch kein Dichter, der zu einem Namen gelangte, so sehr vernachlässigt, als der Verfasser der Romane, die unter Scotts Namen gehen. Eine breitere, wortreichere Prosa kann kaum in einer juristischen Deduktion vorkommen, und jedes Streben nach Schönheit ist so ganz daraus verbannt, daß wohl noch niemanden die Lust angekommen ist, wie einem doch sonst begegnet, eine oder die andere Stelle zum zweitenmale zu lesen. Wenn Scott wirklich der Verfasser dieser Romane ist, was ich jedoch sehr bezweifle, so ist diese Verflößung der Form das Sonderbarste, was einem so geübten Versifikateur begegnen kann. Diese Einleitungen! Diese ersten Bände! Oft trägt diese mit Umständlichkeit verbundene Breite zwar allerdings zur Bildlichkeit des Dargestellten bei, öfter aber noch ermüdet sie bis zum Ueberdruß.

Die *Wahrheit* der *Darstellung* nun ist beinahe durchgehends sehr groß, und hierin liegt eigentlich das Hauptverdienst des Verfassers und der Hauptgrund seiner Wirkung auf das Publikum. Seine Schilderungen aller Art sind unübertrefflich. Wo die Erzählung in das Dramatische streift oder der Ausbruch der Leidenschaft das Lyrische erfordert, ist die Schwäche des Autors. Man kann kühn von ihm als Dichter behaupten, daß er weder im eigentlichen Epos noch im Drama oder in der höhern Lyrik etwas Bedeutendes zu leisten vermöge. Er ist auf die *Erzählung* beschränkt; braucht es mehr, um ihn von jeder eigentlich höhern Rangstufe auszuschließen?

Der Hauptmangel endlich ist der Abgang des Gewahrwerdens eines über dem Ganzen schwebenden, erhabenen, überlegenen

Geistes. Wenn Homer in seinem Stoff gleichsam unterzugehen, mit ihm eins zu sein scheint, so ist der Stoff danach, und alles, was die Erde Hohes und Großes kennt, findet darin einen Raum. Wenn aber ein Stoff, wie der des Ivanhoe oder Waverley, und der Geist eines Verfassers sich so vollkommen decken, so entsteht für letztern unmöglich die Vermutung einer besondern Ausgebreitetheit.

Das Obengesagte gilt eigentlich wohl nur zum Teil von Walter Scott. In einigen seiner bessern Werke, seiner besten Charaktere ist wirkliche Anschauung. Das gilt besonders von seinen zum Teil öfters wiederkehrenden Lieblingspersonen; der Raum aber *neben* diesen ist selbst in seinen vorzüglicheren Hervorbringungen mit solchen Begriffswesen ausgefüllt, die er sich leicht ersparen könnte, wenn er unbedeutend ließe, was unbedeutend ist, und sich nicht in den Kopf gesetzt hätte, durchaus einmal charakteristisch sein zu wollen.

**(1838.)**

Als Walter Scott gefragt wurde, warum er die Poesie aufgegeben habe? sagte er: Weil Lord Byron mich aus dem Sattel hob, mich übertraf in Beschreibung starker Leidenschaften und in *tiefer Kenntnis des menschlichen Herzens.*

Lord Byron betrachtete er als den einzigen Dichter von ausgezeichneten Gaben, den England seit Dryden gehabt und der dabei mehr liebenswerte Eigenschaften besessen, als die Welt im allgemeinen glaube.

\*

**Simple story.**

Der Roman ist dramatisch bis zum fehlerhaften, d. h. er erzählt die Handlungen der Personen und verbirgt ihre Gesinnungen, so daß die erstern oft unerklärlich und wunderlich scheinen. Im Drama hilft der Schauspieler nach und sein Aeußeres erklärt, was seine Worte verschweigen. Die Ohrfeige, dreizehntes Kapitel, doch etwas gar zu englisch; bald darauf *he fell upon his knees bedor her.* Auf die Kniee *fallen? Hinknien* wäre schon mehr als genug.

Sonst ein vortrefflicher Roman, soweit ich ihn gelesen habe, – Der zweite Teil so schlecht als das daraus gemachte Raupachsche Stück.[14]

**(1856.)**

\*

## Prescott

Ein großer Vorzug von Prescott ist, daß bei ihm der freie Amerikaner nie mitschreibt. Er ist als Schriftsteller ohne Nationalität. Der ihm gleichstehende, ja in vieler Hinsicht überlegene Macaulay dagegen wird den protestantischen Engländer nie los.

**(1838.)**

In einem englischen kritischen Blatte kommt der Ausdruck vor: Ein englisches Kind ist männlicher als ein deutscher Mann. Es liegt litterarisch eine große Wahrheit in diesem Ausspruche.

---

[14] »Vormund und Mündel« im Burgtheater zuerst gespielt 3. Nov. 1827 und »Vater und Tochter« 18. Sept. 1828.

## Über tredition

### Eigenes Buch veröffentlichen

tredition wurde 2006 in Hamburg gegründet und hat seither mehrere tausend Buchtitel veröffentlicht. Autoren veröffentlichen in wenigen leichten Schritten gedruckte Bücher, e-Books und audio-Books. tredition hat das Ziel, die beste und fairste Veröffentlichungsmöglichkeit für Autoren zu bieten.

tredition wurde mit der Erkenntnis gegründet, dass nur etwa jedes 200. bei Verlagen eingereichte Manuskript veröffentlicht wird. Dabei hat jedes Buch seinen Markt, also seine Leser. tredition sorgt dafür, dass für jedes Buch die Leserschaft auch erreicht wird.

Im einzigartigen Literatur-Netzwerk von tredition bieten zahlreiche Literatur-Partner (das sind Lektoren, Übersetzer, Hörbuchsprecher und Illustratoren) ihre Dienstleistung an, um Manuskripte zu verbessern oder die Vielfalt zu erhöhen. Autoren vereinbaren direkt mit den Literatur-Partnern die Konditionen ihrer Zusammenarbeit und partizipieren gemeinsam am Erfolg des Buches.

Das gesamte Verlagsprogramm von tredition ist bei allen stationären Buchhandlungen und Online-Buchhändlern wie z. B. Amazon erhältlich. e-Books stehen bei den führenden Online-Portalen (z. B. iBookstore von Apple oder Kindle von Amazon) zum Verkauf.

Einfach leicht ein Buch veröffentlichen: **www.tredition.de**

## Eigene Buchreihe oder eigenen Verlag gründen

Seit 2009 bietet tredition sein Verlagskonzept auch als sogenanntes "White-Label" an. Das bedeutet, dass andere Unternehmen, Institutionen und Personen risikofrei und unkompliziert selbst zum Herausgeber von Büchern und Buchreihen unter eigener Marke werden können. tredition übernimmt dabei das komplette Herstellungs- und Distributionsrisiko.

Zahlreiche Zeitschriften-, Zeitungs- und Buchverlage, Universitäten, Forschungseinrichtungen u.v.m. nutzen diese Dienstleistung von tredition, um unter eigener Marke ohne Risiko Bücher zu verlegen.

Alle Informationen im Internet: **www.tredition.de/fuer-verlage**

tredition wurde mit mehreren Innovationspreisen ausgezeichnet, u. a. mit dem Webfuture Award und dem Innovationspreis der Buch Digitale.

tredition ist Mitglied im Börsenverein des Deutschen Buchhandels.

## Dieses Werk elektronisch lesen

Dieses Werk ist Teil der Gutenberg-DE Edition DVD. Diese enthält das komplette Archiv des Projekt Gutenberg-DE. Die DVD ist im Internet erhältlich auf **http://gutenbergshop.abc.de**